U0329983

那教育印刻着阅读的每一步，的深远影响。

华东师范大学出版社

大夏书系·语文之道

罗晓晖 著

方法与案例

语文经典篇目文本解读

华东师范大学出版社
全国百佳图书出版单位
·上海·

目　录

第三部分　语文经典篇目解读

序

作为一个语文教师，我在学校从教 25 年，做语文教研员也近 10 年了。在我看来，同一本教材，"教什么"最见教师功力，这功力中有教师的勤奋，更有教师的学识，甚至还带着教师本人的生命气象。解读文本是解决阅读教学"教什么"的关键，而明晰"教什么"从来不是一件容易的事情。

普通教师，文本解读时容易出现两个问题，一是解读得过浅和随意，二是解读得过深或过偏。为了解决这些问题，作为教研员，我邀请罗晓晖老师做过关于文本解读的系列讲座，分文体专题对教材文本进行解读指导。罗老师的文本解读，特别尊重文本，强调理性，提出了一系列文本解读的思想方法，提供了鲜活生动的解读案例，很受教师欢迎。

但这还不能完全过瘾。教师们更渴望有一本可以常读常思的书，一本忠实于文本、客观理性、既有系统的方法也有直观的案例的文本解读的书，如百度地图那样精准地把教师们带到诠释文本的高地。

终于，这样的一本书就要出版了。

很荣幸，我成为这本书的第一位读者。更荣幸的是能为这本书写序，内心既忐忑又喜悦：忐忑的是自己才疏学浅词不达意，辜负了朋友的信任；喜悦的是这书能使不少语文人少走弯路和歧路，能让大家受益。

反复研读书稿，每读完一节，仿若窥见读书之幽深门径，再回读那些熟悉的文本，竟常有"原来如此"的感叹、"豁然开朗"的惊喜、"通达无碍"的痛快；再以所读所思观课评课，亦能让教师们脑洞大开，深受启发；甚或因了书中路径，在帮助朋友的孩子解析中考、高考阅读材料时，更为得心应手、巧妙有效。

我觉得本书具有以下特点：

一、主张客观理性分析文本，具有逻辑的自洽性

罗老师常常强调，"任何合理的解读，必须依据文本，任何结论，必须依据文本本身的信息得出"。他反对感性解说文本，主张言必有据，一切结论都必须严格立足于文本自身的信息，依循文本内在的思路结构。全书充满了理性精神，各案例中处处可见。

二、主张文本解读尊重文本内部的整体性关联

罗老师曾经说，"文本解读必须注意文本内部的整体性关联，任何一种解释，对这种关联性揭示得越充分、越全面，对文本的解读就越客观。即使是在文本中被有意或无意省略掉的文本空白，要由读者运用自己的经验和想象去填补，但填补的内容也必须受文本整体结构及文本所要表达的主题的制约"。

如宗璞的散文《紫藤萝瀑布》，他对文本内容的整体性粘合度和统一性进行了辨析：

> 紫藤萝瀑布是由很多朵紫藤花构成的群体性意象。每一朵紫藤花之间，其关系可以被诠释为同根而生的"手足"。紫藤十多年前与如今的

生命状态对比鲜明，本质上是一个揭露旧时代、歌颂新时代的主题。由于"花和生活腐化有什么必然关系"的认知导致花被威胁而不敢自由开放，这与"手足情"并不存在任何逻辑上和事理上的关联。因此，"手足情"是与上述主题脱节的。据此可知，"手足情"是文本的"杂音"，属于写作的瑕疵。

在此说明，刚刚修订的部编本七年级新教材已经删除了关于"手足情"的文字，正好侧面印证了他此前的分析是正确的。

三、解读方法可复制可操作

本书对中学教材中的经典篇目进行了具体详细的解读示范，有可操作的文本解读路径和方法。无论普通读者还是语文教师，本书对读懂不同文体的文章都有方法的启发和思维的示范，读完后即可依样画葫芦，达到举一反三的效果；同时还很有可能唤起读者细读文本的自我觉醒。我在读本书中已鲜明地感受到这一点，相信读者们也不会例外。

四、阐释精到，充满理趣

在解读鲁迅的《阿长与〈山海经〉》时，抓住结尾"仁厚黑暗的地母呵，愿在你怀里永安她的魂灵"，而分析出：全文的叙述是这个抒情的基础，而这个抒情是对全文叙述的一个点化。没有文化的长妈妈对"我"无私的、努力的爱，对应了地母的"仁厚"之德。但是长妈妈的生存境况是黑暗的，在社会生活中，长妈妈是一个卑微的、被人无视的存在，对应了地母的"黑暗"。这样的分析，自出机杼，而又直切文本核心，完全能回扣住整个文本，不得不令人折服。

又如对《蒹葭》中"伊人"的解读：

"伊人"究竟在哪里？

"在水一方"、"在水之湄"、"在水之涘"，表明"伊人"所在的空间位置是不能确定的。

……

"伊人"的性别是不明的，其存在状态是似乎在又只是"宛在"的。但"伊人"能诱发追寻发生，可以反证"伊人"是美好的。"伊人"是被渴慕的对象，它可以是一个人、一个理想、一种境界，它是美好的象征。我们心中最美好的，永远"在别处"，它可以被向往，但无法被抵达。

这样独特的视角、精到的阐释和充满理趣的表达，总给人一种"记得绿罗裙"、"处处怜芳草"的联想。

在追求准确解读文本的路上，我们多少人为"伊"消得憔悴。如今，蓦然回首，"伊"就在这里，不再只是被向往，也能够被抵达。

作为同行，十年前他在成都七中的讲坛上，我仰视他；

作为读者，他的一言一语如醍醐灌顶，我感激他；

作为朋友，从相识相知到肝胆相照，我信任他。

唐旭华

2017 年 6 月 17 日

第一部分

对文本解读的基本认识

第一节　什么是文本解读

一、文本解读

文本解读，就是解读文本。

解读，就是阅读解释的意思。文本解读，是为了达成对文本的准确理解。

语文的文本解读，是通过解读活动，把握文本的语义和主题，培养阅读者对文本信息进行分析、综合的能力。除此之外，它没有别的目的。虽然解读活动不可避免地是一种复杂的文化行为，阅读者有可能在其中得到经验的增长、观念的洗礼和审美的熏陶，但这些都不是文本解读的主要目标，而是解读活动的附带利益。文本解读仅仅寻求对文本作出忠实于文本的还原性的理解。

文本解读是对文本意义的理解。它要弄清楚的是：文本究竟在说什么。它涉及理解、分析、综合等能力，一般不涉及对文本的评价和鉴赏。有时候，为了回答"文本究竟在说什么"这个问题，我们需要分析"文本是怎么说的"——不过，重点不在于鉴赏，在于追问其话语策略背后所要表达的意思。

二、文本的客观性

文本是阅读活动所指向的客观对象。

文本是被作者创制的，其中固然存在着作者的表达意图或意向，但在一切阅读活动中，文本的意义毕竟是通过文本本身来呈现的。文本作为外在于读者的客观对象，其自身并不会因读者的不同而变得不同。概言之，文本是独立于作者和读者的客观存在，这是一个事实。

文本既然是一个客体，当然具有客观性。如果不承认文本的客观性，那就意味着文本解读的随意性。随意性则意味着任何的理解和解释都是可以的，但同时也就没有了客观根据。

据此可知：文本解读必然被文本制约。文本解读虽然是一种主观的思维活动，但文本是一个客观存在，因此，合理的解读必然具有能获得文本支持的客观性。也就是说，并非一切解读都是合理的，在文本解读中，必须防止把读者个人的体验和想象与文本内容相混淆，必须克服随意的"个性解读"、任意的"多元解读"。

文本被创制后，作者就已退场。"阅读是读者与作者的对话"，这是一个似是而非的说法，因为对话是问题与答案的交换，是对话双方的互动，而读者与作者之间，显然并不存在这样的交换和互动。事实上，当你在阅读《红楼梦》的时候，你不是在和曹雪芹对话，而是在和《红楼梦》对话。阅读甚至不是读者与文本的对话——文本是沉默的，它不会发声与你辩驳。在这个意义上说，文本解读是读者对文本意义的发现。

作者制作文本，一定有表达意图；但其原初的表达意图在文本中是否实现、在多大程度上实现，文本制作过程是否扭曲或改变了作者的表达意图，都是读者无法判断的。首先，写作常常是一个不断怀疑、重新表述、反复修改的过程，这决定了作者原初的表达意图很难被读者确定。其次，言不尽意、言不达意、言过其实，都是写作过程中的常见现象，也就是说，作者的表达意图与文本中实际存在的意义，一开始就可能保持着距离。

文本创生的时刻就是作者退场的时刻（作品一诞生，作者就"死掉"）。作者在文本诞生后的退场是一个客观事实；而作者的退场，在一定程度上也强化了文本意义的客观性。

我们在阅读李白的《静夜思》的时候，李白是不在场的。我们不需要询问李白，事实上这也不可能；我们只需了解《静夜思》这个文本说了什么，是怎么说的。文本中存在着思乡的情绪，只要观察文本就能发现这一点。至于李白当时在何处思乡，他所思的故乡究竟在哪里，那个静夜他为何思乡，这都是读者不必了解的——即使对这些问题的答案一无所知，也不妨碍我们正确地解读这一文本。

事实上，有时候我们会阅读到一些作者不明的文本，这样的文本仍然是可能被有效解读的。在做文本阅读题的时候，我们常常对文本作者一无所知，但这并不妨碍我们正确地解答那些题目。

据此可知：作者创制文本时想要表现什么并不特别重要，文本中实际表现了什么才最为重要。换句话说，我们应该问的问题不是"作者说了什么"，而是"文本说了什么"。解读文本，只能依托于文本；文本解读，不是解读作者，而是解读文本。尽管文本解读有可能达成对作者的某种了解和理解，但这本身并非文本解读的目的，更非文本解读不可或缺的组成要素。因此，文本解读，不一定非要介绍和分析作者，以及作者所生活的时代。只有在文本中明确指示该文本的内容与作者生平及时代相关的时候，对相关事实的掌握和分析才是必要的，因为那直接构成了文本的一部分。解读文本无须刻意排挤作者，正如无须刻意迎请作者一样。一切都要看文本内客观存在着怎样的内容。

三、寻求可还原的、公共性的理解

文本阅读意味着读者的能动介入。文本解读过程，能唤起读者的体验或思考，读者心中会形成对文本的一些经验和精神的响应。每个读者与文本的响应，在程度、强度和准确度上都存在着差异。阅读朱自清的《荷塘月色》，可能会刺激读者自身观看荷塘或观赏月色的体验；阅读朱自清的《背影》，你也可能浮想联翩，联想到某个朋友的背影、某本画册上见过的背影，甚至是"一个王朝的背影"。

但这仅仅是读者对文本的个性化的响应，而不是对文本的解读。

"一千个读者就有一千个哈姆雷特"，每个读者依据莎士比亚的文本想象哈姆雷特之时，当然无法绕开自己的经验和观念。但是，"一千个读者就有一千个哈姆雷特"，这只是个人的体会和想象，并非文本解读的正确方法。无论你能想象出多少个哈姆雷特，这些哈姆雷特毕竟都是哈姆雷特。莎士比亚文本中的那个哈姆雷特，他的性格与行事，是业已被文本固定下来了的。这个哈姆雷特绝不可能是闰土、葛朗台或祥林嫂。

我们当然尊重读者体验和想象的自由。但在文本解读之时，我们真正需要关心的是《哈姆雷特》中的哈姆雷特是什么样的。

不要把主观随意的个人经验强加在文本之上；不要把自以为是的想象当作文本解读。文本阅读，虽然会不由自主、不可避免地带入个人的经验与想象，但是文本解读，要求我们尽可能保持"中立"的理性，尊重客观地存在于文本中的文本事实。

给文本贴标签，是文本解读中常见的另一种现象。一解读杜甫的文本，就贴上"忧国忧民"的标签，却不知"黄四娘家花满蹊"之类的文本，根本就谈不上忧国忧民；一解读鲁迅的文本，就贴上"匕首投枪"的标签，却不知鲁迅的不少文本中也存在着脉脉温情。

贴标签，就是用现成的套子和事先认定的概念给文本定性。这种解读本质上并非解读，而是对真正的解读的逃避。它以强硬的断语去强暴文本，类似于《庖丁解牛》中所谓"折"的手段。贴标签不是科学的而是武断的，它显示出一种暴力的倾向，缺乏实事求是的态度。贴标签的尴尬之处在于：标签很难被放置到准确的位置，也无法选择合适的尺码，使得解读者对文本的解释往往自陷泥沼，不能经受文本的检验。文本千差万别，而标签却很有限，这样的"解读"往往生硬无比，破绽百出。

　　解读虽然是主观的活动，但解读的对象（文本）是客观的。对文本的合理解释，在一定意义上，就要像科学研究那样，排除预设的主观认定。虽然解读者的个人认知是理解的必要条件，但解读的对象是客观的，这迫使对文本的解读必须具有客观性。

　　只有努力达成解读的客观性，才能实现解读的准确性。

　　解读结果的"客观性"，是就其与文本内信息的吻合度而言的。合理的解读结论，必然具有可验证性，亦即可以回到文本，被存在于文本中的信息印证。而且这样的结论必然具有可重复性，亦即不仅此时解读能够得出，彼时解读也能得出；不仅能由此一读者得出，也能由彼一读者得出。

　　改换说法来说明这个意思，可以这样说：文本解读的客观性，可以从两个方面来看。第一，合理的解读，是一种"还原性理解"。第二，合理的解读，是一种"公共性理解"。

　　还原性理解，要求我们忠实于文本；公共性理解，要求我们避免臆断。在文本解读中的错误理解，或源于对文本的脱离，或来自对己意的执著。前者因为无知，后者因为傲慢。

第二节　文本解读的规范

一、避免解读随意性的规则

按照文本的本来面目去描述或解释文本，这是文本解读的基本原则。为了避免文本解读的随意性，应确定几条规则：

实证性要求：解读必须得到文本支持，即文本构成解读结论的证据。

逻辑性要求：解读必须符合文本内在的思路或逻辑。

充分性要求：解读必须恰如其分，不增不减，即有几分证据说几分话。

圆融性要求：解读所得出的任何结论，都不得与文本中任一内容发生冲突。

对文本的解读应严格依循文本，任何解读结论都应严格匹配文本。这样，获得相对客观可信的、尽可能免于偏见的解读结果，就是可能的。

二、解读和"误读"

如果从阐释学的观点看，"误读"是一种带有创造性和破坏性的文化行为。创造和破坏往往结伴而行——创造本身就意味着对旧有事物的某种颠覆。

但是，误读并不代表文本语句的语义是随意的，更不代表文本没有相对稳定的意义。语言是约定俗成的，它是使用这种语言者共有的话语工具，其词义、语法都具有该语言的使用者共同认同的规定性。用这种语言书写的文本，它所传达出来的意义，当然具有能被其读者共同理解或获得相似的理解的特质。简言之，文本具有能被其读者理解的、相对稳定的意义。文本解读，就是要寻求一种"公共的理解"，或读者的理解的"公约数"；这种理解，能够通过文本，得到合理的说明。

下面举一个"误读"的经典范例。这个例子是王国维创造的。王国维在《人间词话》中论述"成大事业、大学问"者的三种境界时，用了宋代的三位词人的三首词中的句子：

> 古今之成大事业、大学问者，必经过三种之境界。"昨夜西风凋碧树，独上高楼，望尽天涯路"，此第一境也。"衣带渐宽终不悔，为伊消得人憔悴"，此第二境也。"众里寻他千百度，蓦然回首，那人却在灯火阑珊处"，此第三境也。此等语皆非大词人不能道。然遽以此意解释诸词，恐为晏欧诸公所不许也。

第一境中的高楼远望者，是晏殊的《鹊踏枝》中一个相思心切的人，所望的是天长水阔的远方的情侣，并非"成大事业、大学问"者追寻的目标。第二境中爱得憔悴的那个人，是欧阳修（一说柳永）的《蝶恋花》中一个为爱而苦的人，并非对学问事业追求得形销骨立的人。第三境中的情境，是辛弃疾在《青玉案·元夕》中描写的情人难寻而终于偶得，并不是表现事业的突然成功或学问的顿然开悟。通过类比，王国维把原来的爱情追求偏转到事业与学问的追求，这个构想是奇妙的，属于创造性的误读。但是，王国维显然是懂得这些词句在文本中的原意的——他最后声明这并非正常的文本解读："然遽以此意解释诸词，恐为晏欧诸公所不许也。"

由此可见，真正的误读，并不是由于不懂文本语义而胡乱解读，而是一种刻意的创造性发挥。事实上，王国维的误读，并未破坏这些句子原来的语义，他只是通过类比，重组这些句子以阐发新的论题。

真正的误读，是以准确的解读为基础的。而一般人所谓"误读"，多半并非文化性的创造，而是对文本的误解，流于知识错误或事实讹误。

例如，陆游的《书愤》："早岁那知世事艰，中原北望气如山。楼船夜雪瓜洲渡，铁马秋风大散关。塞上长城空自许，镜中衰鬓已先斑。出师一表真名世，千载谁堪伯仲间。"人教版教材注解说："气"，是"悲愤"的意思。这就是没有读懂文本，是对语义的误解。这个"气"，并非悲愤，而是豪气。何以这样说？

第一，"气"在文本中出现在首联。这时是陆游的"早岁"，即他年轻的时候。首联的意思是，年轻时还不懂世事艰难，北望中原，豪气冲天，以为收复沦陷的中原是可以期待的。"气"，不是"悲愤"，而是如山一样雄壮的"豪气"。

于是第二联，回顾起自己当年在这种豪情催动下参与战斗的场景。把第一联中的"气"理解为豪气，前两联在语义和情感上就是一脉相承的。这是第二。

第三，就文本结构而言，一二两联是过去时态，三四两联才是现在时态。现在已经老了，揽镜自悲，此时才有悲愤可言。"出师一表真名世，千载谁堪伯仲间"，是对朝廷不欲坚定北伐的悲愤的感叹（《出师表》表明了诸葛亮坚定北伐的态度，此联是暗讽当今无人志在北伐）。

第四，综观全诗，前两联是一个意义单元，回顾"早岁"的报国雄心；后两联是一个意义单元，悲叹当今报国无门。"书愤"之"愤"，在后两联。前两联与后两联在结构上形成一个对比性关系，表现曾经满怀报国豪情而最终却无路报国的悲愤。

同一个"画中之竹"被不同观画者看见，成为他们各自的"眼中之竹"。各自的"眼中之竹"，由于观念和经验的差异，会变成互有差异的"心中之竹"。在这个意义上说，一切解读都是误读。然而，每个人的"心中之竹"

不尽相同，并不能证明同一个"画中之竹"并不存在。作为一个客体，"画中之竹"是一个不以任何观画者的主观意志而转移的客观对象，这是无可争辩的事实。文本的客观性，也是同样的道理。词有词义，句有句法，篇有篇旨，就文本解读而言，这是丝毫含糊不得的。

打着"误读"的理论旗号而任意地甚至错误地解释文本，这是无可救药的沉疴。以为解读就是"误读"，这不是文本的过错，而是解读的悲哀。

三、文本与文本解读的几条常识

1. 基于人类理性的原则

人类有意识的活动都遵循下列理性原则，写作活动也不例外。

（1）认知理性：人们对事物的具体认识千差万别，但人类的认知模式是一致的。

古希腊有一种观点，知识就是回忆。这就是说，一切知识都是符合人类先天的认知模式的，这是知识能够被传授、被接受的基础。

由于作者与读者同属人类，认知模式的一致性决定了作者的作品（文本）可被理解。即使文本中存在着大量的非理性内容，由于同为人类的读者也具备非理性的体验，因此这些内容也是能够被有效地感知到或理解到的。

（2）行动理性：所有行动都有原因；除了意识混乱时刻，人类行动都是有目的的。

任何人的任何有意识的行动，都存在着目的或动机。

写作是一个理性的行动。写作者总是在有企图言说时，他才会展开言说。写作的时候，作者也通常会评估潜在的读者能否体察和理解他所说的，他一定会构想出某种方式来传递他想要传递的信息。对于一个文本，总会有表达的动机；而这种动机，应该能够经由文本分析而被观察到。

（3）功利理性：趋利避害是生命本能，任何人类行动都依循有利的原则。

任何人采取任何行动，都会在主观上认为如此行动对他自身是有利的。哪怕在我们看来最愚蠢的行动，也是如此。

特别是在解读涉及人类行动的文本（历史传记、小说等叙事类文本）时，要充分认识到功利理性对人物行动的支配性作用。传记和小说中的人物，他们的行动逻辑，就是功利理性的逻辑。例如，《烛之武退秦师》中，每个人物都是依循这样的逻辑在行动；《归去来兮辞》中，陶渊明之所以回归田园，是因为在他看来回归田园比留守官场更为有利。即使文天祥舍生取义也是遵循着这样的逻辑——在他看来，"义"的价值高于"生"的价值，因而舍生取义对他而言是更为"有利"的。

2. 基于写作行为的原则

写作是一种有意识的人类活动，它要遵循上述理性原则。在写作这一特定行为中，下面两个原则表现得尤为鲜明：

（1）目的性原则：一个文本写什么、怎么写，必然基于特定的表达动机。

这是行动理性的推演。一个叙事性文本要讲怎样的故事，一首诗要选择哪些意象，作者必然会作出理性的规划或考虑。一个意识流的或荒诞派的文本，要让意识怎么流动，表现出怎样的荒诞感，都经过作者的理性计算。怎么来写才能表现自己的意图，才能达成预期的效果，这些作者都是有所考虑的。

（2）精简性原则：省力是天然的行动原则，因此任何作者在主观上都不愿写哪怕一句废话，除非存在着写作之外的动机或压力。

这与几条理性原则都存在着或直接或间接的关系。

人类思维的基本趋势是简化，人总是希望用最经济的方式来思考和表达客观世界。从本质上说，因果性是思维的一种节约方式，物理学的公式也是这种经济性的具体实现，都是企图以最直接最简单的方式去把握复杂的对象和纷繁的现象。为什么我们如此渴望掌握规律？因为规律能够帮助我们以最简化的方式把握世界。

文本也是如此。作者在创制文本的过程中，会避免他自己觉得不必要的一切东西，排除他觉得是干扰的一切东西。因此，一个理想文本中，每个部分都一定具有其表达功能。即使看起来是重复的那些内容，作者也认为是具有特定的表达价值的。例如鲁迅《祝福》中阿毛的故事被重复，这种重复一定具有特定的意义。

3. 基于文本联结的原则

文本是根据一定的语言规则组成的语句系统。它由一系列语言符号联结而成。这种联结，遵循以下原则：

（1）关联性原则：文本内的各种信息是存在着关联的；信息之间的关联是符合事理（逻辑）和情理的。

鲁迅的《雪》，文章不长，却写了江南的雪、北方的雪。为什么要把不同空间的雪写到一起呢？这就要研究江南的雪与朔方的雪之间究竟存在着怎样的关联。

毛泽东的《沁园春·雪》是一首词。这首词中不仅有俯临古今、踌躇满志的豪迈之情，更流露出不但要有"武"、更要有"文"的抱负。这首词的手法还是很传统的，里面存在着一个"景"与"情"的关系。它上阕的写景与下阕的抒情，究竟是怎样关联的？联结点在哪里？这些都需要研究，需要分析。如果只是简单地说"一切景语皆情语"，上阕的写景是为下阕的抒情作准备，这显然不够。

（2）一致性原则：文本具有内部的一致性；对文本中任一部分的解释，不得与对文本中别的部分的解释构成矛盾。（上一原则的延伸）

对文本各个部分的阐释，不能彼此矛盾，这个道理易懂，不多说。

（3）结构性原则：文本中不同意义单元的组合，形成可理解的结构；对文本中各个信息之间的关系的合理解读，同样存在着可理解的结构。

语义信息在文本结构中被关联起来。无论是什么文本，其结构都具有"粘着性"和"突出性"。

"粘着性"，是指文本中各个意义单元之间存在着逻辑性关联，这使得文本不至于断裂，从而形成一个粘合在一起的意义链。

"突出性"，是指文本中各个意义单元间必定存在着一个突出的主要意义。由于主要意义的存在，而使得整个文本具有主旨；主要意义强化了结构要素的一致性，而这种一致性使我们得以稳定地理解文本。

文本的结构，在整体结构中各个意义单元的搭配和排列关系，不止是形式的问题，也决定着文本的整体意义，是分析理解文本的一个重要方面。

雨果的《纪念伏尔泰逝世一百周年的演说》这个文本看似繁杂，其实结构井然，激情洋溢的情感背后是严密的理性思维。从文本信息来看，存在着三个伏尔泰：战斗的伏尔泰、微笑的伏尔泰、思想的伏尔泰。战斗的伏尔泰和微笑的伏尔泰，是伏尔泰人生表现出来的两个侧面。战斗代表着恨，微笑代表着爱。恨与爱是矛盾的。如何解决这个矛盾，使文本达成统一？于是文本中出现了第三个伏尔泰：思想的伏尔泰。

三个伏尔泰之间的结构关系是：思想的伏尔泰是内在的伏尔泰，战斗的伏尔泰、微笑的伏尔泰是外显的伏尔泰。伏尔泰的内在思想，决定了他外显的人生行动。因此，前面两个伏尔泰，是"表"；思想的伏尔泰，是"里"。这就是这个文本的意义结构。

文本的宏观结构是在文本内各个意义单元的综合过程中被发现的。综合与分析，在组合意义、寻找结构的过程中，是交互为用、不断循环的。结构的整合，有赖于对各个意义单元的意义的准确分析；而一个意义单元的意义，只有放到更大的结构中，才能被客观、准确地解释。

四、文本构成与解读标准

要解读文本，首先要了解文本的构成要素。

一般说来，一个文本至少需要包括下列要素，分别定义如下：

（1）意义单元：文本中连续出现的若干语句存在着语义关联，其语义的重点或交集（亦即连续的相关语句中所能提取出来的主要语义）。

（2）结构：文本中各个意义单元的组合关系。

（3）主题：整个文本结构中的意义重心，或文本中所有意义单元的交集，亦即整个文本的"意义焦点"（核心的意义），也称为"主旨"或"中心"。

所有的文本，都包含着上面几个要素。（某些文本具有特殊性，例如一些后现代主义文本追求消解主旨，但既有这样的追求，也就存在着某种文本意图，这里不多讨论。）存在上面这几个要素，还不能代表该文本具有"艺术性"。只有运用了艺术技巧的文本，才可能是一个艺术性的文本。

　　文本为表达其意义而采用的、在特定语境中超出了日常性表达的话语策略，叫作"艺术技巧"。

日常性表达，是指运用中性的、自然形态的日常语言所进行的表达。实用类文本大多属于中性的日常性表达，其明显特征是，情感是中性的，语言是"去修辞化"的。当然，有了"艺术技巧"的使用，不见得一定是文学文本；但一个文本能够成为文学文本，"艺术技巧"的运用是必要的前提。"艺术技巧"并不是指语言文字的华美，更非指技巧的滥用。海明威的语言似乎没有多么复杂的"艺术技巧"，但他刻意追求简练，而这种处处显示出来的简练非普通的日常性表达所能达到，"简练"就是他的修辞技巧，这种技巧或话语策略带着明显的个人风格。

这里需要特别强调"特定语境中"这一限制。事实上，文学文本中存在着日常性言语，或者至少含有日常性言语的成分。这种言语看似极为平常，但只要用在适当语境中，就有可能成为带有文学性的言语，因为在该特定语境中，这种日常性言语显示出了一种超越日常性表达的话语策略。例如，"云破月来花弄影"，"弄"是寻常字眼，而在这特定语境中，花本无意于"弄"，而用"弄"字，寻常字眼也就焕发出不寻常的表现力。又如，安徒生的《皇帝的新衣》中，看着光屁股的皇帝在大街上游行，人们由于担心自己被别人认为愚蠢而保持沉默，在这一特定语境下，一个孩子"他什么也没有穿"这句十分寻常的话，就成为一个突破僵局的富于表现力的表达。

文本解读的任务，是解释文本的意义（这里的"意义"是指文本中包含着的思想情感内容）。解释文本的意义，固然不能完全抛开文本的艺术技巧，但解读的目的，只是揭开技巧的外皮，去探明背后所隐藏的意义。对技巧的欣赏，则是文本鉴赏的任务。鉴赏与评价，是文本解读之后的事情，是文本解读完成之后的进一步延伸。

解释文本的意义，必须接受文本的制约。这种制约，集中表现为文本对解读的定向导引。这就规定了阅读者的解读必然有一定的范围、方向和途径。任何文本的意义，都是有边界的；而文本结构的重心，决定了意义焦点（中心）的存在。

> 文本各个意义单元的并集，形成一个意义覆盖区域，该区域的边界，叫作"意义边界"。

一个完善的文本，就像是一个大圆。意义的焦点，就是这个大圆的圆心；意义的边界，就是这个大圆的圆周；大圆内的若干个相切的小圆，就是意义单元；各个小圆相切的点，就是层次的划分点。大圆内的每一个小圆，都能通过其圆心与大圆的圆心的位置关系，而得到清晰的定位。所有合理的理解，都必须落在意义边界（大圆的圆周）之内，且能通过其与意义焦点

（圆心）的关系，得到符合逻辑的说明。据此，存在下列解读标准：

如果某个解读，不能指出文本意义的焦点（准确定位大圆的圆心），那就未能整体把握文意。

如果某个解读，落在文本的意义边界之外（落在大圆的圆周之外），那必然是错误的解读。

如果某个解读，落在文本的意义边界之内，但它与意义焦点的关系不明，这种解读具有一定的合理性（未逸出文本），但必然是含混的。

如果某个解读，落在文本的意义边界之内，但它不能覆盖整个文本（不能填满整个大圆），就是具有合理性但不完整的解读；如果它与文本中别的内容发生无法解释的冲突，就是肢解文意的片面的解读。

如果不能确定文本意义的焦点与边界，文本解读就成了随意性被无限放大的胡说。任何合理的解读，必然遵循下面的要求：解读必须严格基于文本，必须遵循文本内部的逻辑性，必须有所能允许的限度，不得与文本相违逆。

脱离文本的任意发挥，不是解读，而是个人的感想，甚至是胡说。所有具有合理性的文本解读，都必须是可验证的。

要防止"过度解读"。要对无规范、无边际的"多元解读"，保持警惕。文本解读，必须为文本确定一个意义的边界；而寻找文本意义的焦点（主题），通常构成文本解读的核心。

如果没有基本的规则，文本解读就仅仅剩下相对主义和不可知论了。如果一切解读都可以成立，唯一的结果就是无是无非。

不顾解读的尺度必将导致解读的失控，无限的衍义只会扰乱文本的解读。因此，对于文本的合理诠释，不可能是无限的。解读的对象是文本，解读的依据也应该是文本，而不是别的任何东西。

五、文本结构在解读中的重要性

从某种意义上说，结构就是文本的"形状"。有"形状"的事物都是有边界的。结构决定了文本意义的边界。即使文本内部的界限比较模糊，层次之间的边界不够清晰，但哪怕只有模糊的"形状"，那"形状"也是可以被描述的。文本"形状"的构成要件，就是"意义单元"。

在文本解读中，结构是决定能否整体把握文意的关键，它在很大程度上决定了解读是否合理。

任何文本都有其特定的结构，这种结构使文本内部形成条理或秩序，从而使读者依据它来理解文本所要展现的情节、情境或意义。如果缺乏结构，文本就会陷入混乱，读者就无从理解文本的意义和它所要传递的信息。

文本结构本质上就是各个意义单元之间的逻辑关系。这种逻辑关系，通常表现为线性的。这种线性，通常被我们称为"思路"。文本有始有终，有线性的发展脉络，这样的文本被称为"线性文本"。所有书籍上的文本都是线性文本（所谓"非连续性文本"实际上是多个文本的组合）。我们所说的文本解读的文本，都是这类文本。

由于文本存在特定的起讫点，亦即情节、情境或思想情感的起点与终点，读者就能以其有始有终而感受到文本的完整性。完整性的感受背后，隐含着一个非常重要的概念，就是"主旨"或"中心"。如果一个文本不存在一个中心，文本意义支离破碎、不能统一，那么整个结构就不能建立起来。中心犹如重心，使结构得以稳定。中心是结构的焦点，是凝聚结构的要素。文本中所有意义单元的布局，都是围绕中心来进行的。因此，这个中心就是决定线性文本获得完整的、准确的解读的一个关键。

就叙述性文本而言，它当然蕴含着中心的概念。整个故事情节的发展，表面上是按照线性叙事结构发展，实质上是依照着中心的意念沿着线性结构逐步铺展。若是没有中心，整个叙事结构就会失去情节发展和意义呈现的依据和途径。

就描写性文本而言，中心也是结构的核心。主旨或中心决定了景物的选择，决定了景物描写的重点；所谓"一切景语皆情语"，意思就是景物总是为表达思想情感服务的。如果没有中心，那么景物的描写就失去了指向，就不能召唤出意义。表面上看来，景物描写是遵循着移步换景或定景换点等观察顺序，而实际上也是围绕着中心的意念来取舍和布局的。

议论性文本，更是以中心为整个结构的核心。思维的展开，总是具有鲜明的逻辑性。无论横向串联的并列式结构、纵向推进的层进式结构，还是反向连接的对照式结构，显然都是围绕着中心论点来布局和展开的，也是以阐释中心论点为目的来安排的。中心论点才是整个结构的核心。

因此，结构的分析与中心或主旨的分析，是密不可分的。如果文意焦点不明，很难确定其结构；反过来，如果对结构的观察不清晰，也很难准确地看到居于结构核心位置的文本主旨。在文本解读过程中，有必要把结构分析和主旨把握这两个任务结合起来。

对于作者来说，文本表达意图或中心的设定，应该是明确的。对于读者来说，对文本意义的解读，却可能存在差异。但无论如何，任何合理的解读都必须能够全面地、符合逻辑地阐释文本，不得与文本内在的逻辑脱离。而捕捉文本的内在逻辑，依赖于把握文本结构。

龚自珍的《病梅馆记》，一般的理解是，此文托梅议政，形象地揭露和抨击了统治者束缚思想、摧残人才的罪行，表达了打破严酷的思想统治、追求个性解放的强烈愿望。但有人对此文作出了新的意义解读：

> 对任何一个具有生命力的个体，都不应该用强制力去束缚和抑制它的发展，它们需要能自由生长的深厚土壤和广阔空间。人为的干预和摧残，会窒息天才的灵性甚至生命。

还有人作出了更有新意的解读。这种意见认为，《病梅馆记》是中国美学发展史上代表一种美学思想的重要学术文献，它表达了一种正确的美学观，即：只有健康的事物才会具有美感，畸形的东西绝不会给人以审美的享受。

《病梅馆记》的原文是：

> 江宁之龙蟠，苏州之邓尉，杭州之西溪，皆产梅。或曰："梅以曲为美，直则无姿；以欹为美，正则无景；以疏为美，密则无态。"固也。此文人画士心知其意，未可明诏大号以绳天下之梅也；又不可以使天下之民斫直，删密，锄正，以夭梅病梅为业以求钱也。梅之欹之疏之曲，又非蠢蠢求钱之民能以其智力为也。有以文人画士孤癖之隐明告鬻梅者，斫其正，养其旁条，删其密，夭其稚枝，锄其直，遏其生气，以求重价，而江浙之梅皆病。文人画士之祸之烈至此哉！

> 予购三百盆，皆病者，无一完者。既泣之三日，乃誓疗之：纵之顺之，毁其盆，悉埋于地，解其棕缚；以五年为期，必复之全之。予本非文人画士，甘受诟厉，辟病梅之馆以贮之。

> 呜呼！安得使予多暇日，又多闲田，以广贮江宁、杭州、苏州之病梅，穷予生之光阴以疗梅也哉！

如果我们观察本文文本结构，就可对上述解读的合理性作出判断。

文本三个语段大致可以概括为三点意思：

（1）描述文人画士压制与摧残梅之祸之烈。

（2）叙述"予"辟病梅之馆以疗梅贮梅的情况。

（3）表达穷予生之光阴以疗梅的愿望。

先有摧残梅的现象，后有挽救梅的行动，最后有为疗梅竭力的愿望。"予"（我）是整个现象的观察者，也是疗治病梅的行动者，更是情感的抒发者。因此，上述三点意思组合起来，文本结构的焦点，聚焦于"予"对摧残人才现象的愤恨与抗争。

上述两种新的解读，均能在原文中找到一定的依据。但很明显，它们基本上无视了原文第二、第三两个语段的存在。这些解读，没有尊重原文文意的完整性，没有尊重文本结构，忽略了"予"（我）在整个文本中的重要地位。我们可以说，龚自珍的这个文本中，确实蕴含着尊重生命自由、健康才有美的这些思想；但我们不能说，这就是这个文本的"主旨"。

历史上的任何一个文本，都可以从不同的维度、不同的细节来生发出新的意义，这种意义是开放的和难以穷尽的。但这并不是我们所说的文本解读；通过这种"解读"，无法实现忠实于文本的还原性理解。

第三节　解读案例

一、从意义单元到结构和主题:《赤壁怀古》解读案例

每个文本的宏观意义，或者说它的核心意念（主题），都是通过若干意义单元的组合而实现的。

一个意义单元中，通常包含着若干语义片段。语义片段是指具有一个完整的语义的片段。每一个句子，都可以说是一个细小的语义片段。但是，由于每个句子在文本中的表意功能、所占的"表意权重"各不相同，它们在分析文意时的重要性是不一样的。例如，在一个段落中，主旨句的"表意权重"就超过别的句子。

若干语义相关的句子，在阅读理解的时候，可以归并起来。意思相关的句子与句子的联合，形成句群。在同一个文本中，一个句群与另一个句群，必然存在某种组合关系。这种组合关系，或者说结构关系，是一种具有逻辑性的关系。对这种逻辑关系加以梳理，就可以发现其意义表达的结构。

文本中局部的、意思相关的若干语义片段组合起来，就构成了意义单元。各个意义单元组合起来，就实现了文本的宏观的、整体的意义。这个宏观的意义，就是"主旨"或"中心"。其组合过程与组合关系，就叫作"结构"。文本结构的逻辑性，是文本创制者理性的表现，也是文本的理性的表现。正因为存在着这种理性，文本才是可以被理解的。任何正确的阅读理

解，无论是宏观的还是微观的，都不得扭曲或破坏这个结构。

文本结构的把握、整体意义（主旨）的理解，都建立在对意义单元和每个语义片段的理解的基础之上。所以，无论多么复杂的文本分析，对每一个语句、每一个细节的分析理解，都应当是第一步。

下面以苏轼的《念奴娇·赤壁怀古》为例作一个分析。为什么选这首词？因为很多人都读过这首词，甚至能背诵这首词，很喜欢这首词，但是很多人都没有真的读懂。

念奴娇·赤壁怀古

①大江东去，浪淘尽，千古风流人物。②故垒西边，人道是，三国周郎赤壁。③乱石穿空，惊涛拍岸，卷起千堆雪。④江山如画，一时多少豪杰。

⑤遥想公瑾当年，小乔初嫁了，雄姿英发。⑥羽扇纶巾，谈笑间樯橹灰飞烟灭。⑦故国神游，多情应笑我，早生华发。⑧人生如梦，一尊还酹江月。

1. 语义片段的理解：语义分析

（1）"大江东去，浪淘尽，千古风流人物。"

这是开头句，是议论句，表意权重较大。"逝者如斯"，水是象征时间流逝的经典意象。大江与人生，都是单向的流动，一旦过去就永不回头。但是，大江是无知的、无情的，"风流人物"是有知的、有情的。要注意到，在这个语句中，大江之浪是行动的主体，而"千古风流人物"却是处于被支配的被动地位。有情的人，在无情的自然面前是无能为力的，哪怕你是"千古风流人物"，也不能避免被"浪淘尽"的宿命。

基本语义：人在自然面前的无力和渺小。

（2）"故垒西边，人道是，三国周郎赤壁。"

这是叙述句。赤壁鏖战的"故垒"依然可见，而"千古风流人物"周郎却不见了。点了"赤壁怀古"这个题目，也是对开头一句意思的响应。

这个"故"字，也与后文形成了两处反差：第一，"故垒"作为人类活动的遗迹给人的荒废之感，与下句依然如故的自然山河形成对比；第二，荒废的"故垒"，与下文周瑜曾经的雄姿英发形成反差。

基本语义：呼应开头句的意思，英雄人物被"浪淘尽"了。

（3）"乱石穿空，惊涛拍岸，卷起千堆雪。"

这是描写句，内涵值得深究。"穿"、"拍"、"卷"三个字很有力度，壮丽景象之中蕴藏着奔腾的、不甘寂寞的力量。这是自然的力量；"周郎"逝去了，历史上的风流人物统统"淘尽"了，但自然亘古如斯，伟力依旧。很多分析家认为，这表现了苏轼"不但没有一丝的伤感，反倒洋溢着一派豪情"，其实是误解。为什么呢？因为这种理解与上文没关系，凭空而起，来路不明。

这句话虽无"豪情"，却写得有力。这不仅有对英雄"淘尽"的感慨，也有抒情主人公有感于自然的雄壮，内心有某种模仿自然、变得雄壮的生命冲动。这就是为什么他要"怀古"。

基本语义：呼应开头句的意思，英雄人物被"浪淘尽"而自然永恒；但亦有苏轼生命情怀的涌动。

（4）"江山如画，一时多少豪杰。"

这句是叙述句，"江山如画"是对"乱石穿空，惊涛拍岸，卷起千堆雪"的概括，也是"豪杰"的一个背景。苏轼怀古，怀的是"豪杰"，折射的是他内心深处的"豪杰梦"。上阕至此结束，但此句又与下阕有关。"一时多少豪杰"，那是周瑜们，而不包括苏轼自己。同样是在赤壁，周瑜建功立业，雄姿英发；而苏轼灰头土脸，"早生华发"。下阕的周瑜和自己的对比，植根于此。

基本语义：对英雄豪杰的渴慕。

（5）"遥想公瑾当年，小乔初嫁了，雄姿英发。羽扇纶巾，谈笑间樯橹灰飞烟灭。"

这两句是叙述句，句中也用了描写手段。既然是怀古，当然是"遥想"了。周瑜既得美人，雄姿英发；又在谈笑之间，便建立不世之业。人生之成功，莫过于此。苏轼内心对周瑜的羡慕，可以想见。这与下一句写"我"的狼狈，形成了对比。

基本语义：对英雄豪杰的渴慕，对建功立业的渴望。

（6）"故国神游，多情应笑我，早生华发。"

这是叙述句。"生华发"是随着年老而自然发生的正常的现象，但加上"早"字，就不够正常了。人生一事无成，年华虚度，心中多忧闷，所以头发提早白了。早生华发是伤今，伤今正是怀古的心理基础。

基本语义：对自己人生未能建功立业、过早衰老的哀叹。

（7）"人生如梦，一尊还酹江月。"

这是议论抒情句。"江月"是水中月，"镜花水月"是比喻世界的虚幻性。人生既然"如梦"，当然就是虚幻的。虚幻之人生，虚幻之江月，是双重虚幻。对于东坡来说，这句表现的是自己人生悲哀的幻灭感。此外，应注意到词句与全词首句的呼应关系。本词的首句，也有人生的虚幻感。

基本语义：人生是虚幻的。

2. 结构与主旨：意义的组合与解释

有了局部的分析，接下来就该是整合了。整合就是整理合并，要把同类项加以合并，再进行进一步的观察。

上述词句，根据语义的响应关系，可以整合出语义不同的两组：

第一组，以表现人生虚幻为基本意义的词句，包括①、②、⑧。

第二组，以表现建功立业的渴望为基本意义的词句，包括④、⑤、⑥、⑦。

第③句较为特殊，是景物描写，有引出第④句的作用，但上述两种意思兼有。

很明显，第一、第二两组的意思无法合并，而且在数量的对比上，两组中的任何一组，都没有相对于另一组的明显优势。这是本词中两个相互独立、甚至相互对立的意义单元。但一个文本只能有一个意义中心，它们必须进一步整合，否则这首词的结构就会崩解。这个时候，就需要寻求一种符合逻辑或情理的解释，来说明二者之间存在着怎样的关系。

那么，这两组之间的关系是什么呢？

粗看起来，两组意思是矛盾的。既然人生是虚幻的，千古风流人物都难逃被时间淘洗的命运，那么，又何必渴望建功立业呢？即使是建功立业的人物如周瑜，他不照样被时间的洪流冲刷，成为过眼云烟了吗？既然人生终归是虚幻的，那么，苏轼自己，又何必自叹自伤呢？

这两者之间的对立，表面上看，是无法消除的。而这恰好是这首词的立意所在：人生就是一个不可消除的悖论。

人生就是这样一个悖论：人活着就渴望建功立业，有所作为；但在永恒的自然与时间面前，人是无力的和渺小的，再辉煌的功业也终归是云烟过眼，死亡将取消一切。无论怎样的功业，都经不住时间滚滚洪流的淘洗，因此人生并无什么意义；然而人总不能活着等死，活着就要奋斗，就要建功立业，以期建立起某种意义——这种意义最终会被时间证明为虚幻。这是一个悖论，但同时也是人类的普遍命运。苏轼这首词之所以成为流传千古的名篇，就在于它表现了这个生存悖论，人类的这种永恒的宿命。

分析至此，这首词的谜底，已经被揭开了。

文本的解读，是以对各个意义片段的分析为基础的。文本的整体意义，建立在这些意义片段之上；把各个意义片段揭示出来了，就要分类归纳为意义单元；通过对意义单元的结构关系的整合，就能对文本的整体意义作出合理的解释。

二、寻找意义的焦点：莫言《一个讲故事的人》解读案例

一个文本中的各个意义单元叠加在一起，就形成一个共同覆盖的部分，这就是意义的交集。在一个文本中，这个交集中的意义要素，通常只有一个。这个要素，就是文本的意义焦点，通俗地说，就是主旨或主题。

文本解读中对主旨的分析，是一个不断叠加意义单元，以寻找意义焦点的过程。这个过程的合理性，是容易理解的。在具体的文本解读中如何实现，才是问题的关键。为了清楚地说明这一过程，下面举一个实例。

莫言在诺贝尔文学奖的获奖演讲《一个讲故事的人》中，最后讲了三个小故事。要言之，莫言的几个故事，归纳起来的主旨，便是尊重与宽容。下面是莫言的原文。为了更清楚地分析其主旨，把这三个故事的"上文"也抄录出来：

> 我获得诺贝尔文学奖后，引发了一些争议。起初，我还以为大家争议的对象是我，渐渐地，我感到这个被争议的对象，是一个与我毫不相关的人。我如同一个看戏人，看着众人的表演。我看到那个得奖人身上落满了花朵，也被掷上了石块、泼上了污水。我生怕他被打垮，但他微笑着从花朵和石块中钻出来，擦干净身上的脏水，坦然地站在一边，对着众人说：对一个作家来说，最好的说话方式是写作。我该说的话都写进了我的作品里。用嘴说出的话随风而散，用笔写出的话永不磨灭。我希望你们能耐心地读一下我的书，当然，我没有资格强迫你们读我的书。即便你们读了我的书，我也不期望你们能改变对我的看法，世界上还没有一个作家，能让所有的读者都喜欢他。在当今这样的时代里，更是如此。

> 尽管我什么都不想说，但在今天这样的场合我必须说话，那我就简

单地再说几句。

我是一个讲故事的人，我还是要给你们讲故事。

上世纪六十年代，我上小学三年级的时候，学校里组织我们去参观一个苦难展览，我们在老师的引领下放声大哭。为了能让老师看到我的表现，我舍不得擦去脸上的泪水。我看到有几位同学悄悄地将唾沫抹到脸上冒充泪水。我还看到在一片真哭假哭的同学之间，有一位同学，脸上没有一滴泪，嘴巴里没有一点声音，也没有用手掩面。他睁着大眼看着我们，眼睛里流露出惊讶或者是困惑的神情。事后，我向老师报告了这位同学的行为。为此，学校给了这位同学一个警告处分。多年之后，当我因自己的告密向老师忏悔时，老师说，那天来找他说这件事的，有十几个同学。这位同学十几年前就已去世，每当想起他，我就深感歉疚。这件事让我悟到一个道理，那就是：当众人都哭时，应该允许有的人不哭。当哭成为一种表演时，更应该允许有的人不哭。

我再讲一个故事：三十多年前，我还在部队工作。有一天晚上，我在办公室看书，有一位老长官推门进来，看了一眼我对面的位置，自言自语道："噢，没有人？"我随即站起来，高声说："难道我不是人吗？"那位老长官被我顶得面红耳赤，尴尬而退。为此事，我洋洋得意了许久，以为自己是个英勇的斗士，但事过多年后，我却为此深感内疚。

请允许我讲最后一个故事，这是许多年前我爷爷讲给我听过的：有八个外出打工的泥瓦匠，为避一场暴风雨，躲进了一座破庙。外边的雷声一阵紧似一阵，一个个的火球，在庙门外滚来滚去，空中似乎还有吱吱的龙叫声。众人都胆战心惊，面如土色。有一个人说："我们八个人中，必定一个人干过伤天害理的坏事，谁干过坏事，就自己走出庙接受惩罚吧，免得让好人受到牵连。"自然没有人愿意出去。又有人提议道："既然大家都不想出去，那我们就将自己的草帽往外抛吧，谁的草帽被刮出庙门，就说明谁干了坏事，那就请他出去接受惩罚。"于是大家就将自己的草帽往庙门外抛，七个人的草帽被刮回了庙内，只有一个人的草帽被卷了出去。大家就催这个人出去受罚，他自然不愿出去，众人便将他抬起来扔出了庙门。故事的结局我估计大家都猜到了——那个人刚被扔出庙门，那座破庙轰然坍塌。

1. 三个故事的分析

（1）第一个故事。

语义分析：

"学校里组织我们去参观一个苦难展览，我们在老师的引领下放声大哭。"——"引领"是个亮点。这暗示着：①下文的"泪水"作为情感表现，可能是不真实的；②我们的教育试图诱导或塑造人的情感状态。

"为了能让老师看到我的表现，我舍不得擦去脸上的泪水。我看到有几位同学悄悄地将唾沫抹到脸上冒充泪水。"——"我"的情感具有表演性质；"几位同学"的情感是虚假的。

"有一位同学，脸上没有一滴泪，嘴巴里没有一点声音，也没有用手掩面。他睁着大眼看着我们，眼睛里流露出惊讶或者是困惑的神情。"——这位同学的情感表现是未被诱导的，他表现着自己的真实情感。

"我向老师报告了这位同学的行为"，"老师说，那天来找他说这件事的，有十几个同学"。——这种被毒化的教育，或当时的社会氛围，培养了一大批年幼的告密者。

"为此，学校给了这位同学一个警告处分。"——虚假地、但"政治正确"地伪装情感，你就是安全的；"政治不正确"地表现真实情感，会受到惩罚。

结论：

莫言的结论：当众人都哭时，应该允许有的人不哭；当哭成为一种表演时，更应该允许有的人不哭。

我当然不能说莫言的结论是不合适的。但这个结论的重点，应该在后半句。

实际上，这个文本隐含的意义，稍稍溢出了莫言自己的结论。故事中教师对孩子们的诱导"引领"、对无辜的孩子的惩罚（"警告处分"），年幼的孩子心灵就被普遍毒化（他们纷纷向老师告密），蕴含着更深广的内容，包括对教育、对当时社会的省思。"引领"是为了诱导；惩罚是为了强迫。因此，对这个故事的寓意，最好的表述是：要尊重人的真实情感，不要诱导人们虚假地表现情感，也不要强迫任何人违背其自身的真实情感。对别人存在怎样的情感，要宽容而不要打击（告密、警告之类）。

（2）第二个故事。

语义分析：

"老长官推门进来，看了一眼我对面的位置"——对方不一定看见了"我"，因为他看的是"我对面的位置"。

"自言自语道：'噢，没有人？'"——对方只是"自言自语"而非针对"我"，说明他无意冒犯"我"。

"我随即站起来，高声说：'难道我不是人吗？'那位老长官被我顶得面红耳赤，尴尬而退。"——"我"的反应不是体谅而是对立。

"我洋洋得意了许久，以为自己是个英勇的斗士，但事过多年后，我却为此深感内疚。"——斗争可以逞一时之快，但不是一个好的选择。

结论：

对立不是好的选择，人与人之间，需要相互尊重和相互体谅。

（3）第三个故事。

语义分析：

"有八个外出打工的泥瓦匠，为避一场暴风雨，躲进了一座破庙。"——这是一个面临困境的集体。

"有一个人说：'我们八个人中，必定一个人干过伤天害理的坏事，谁干过坏事，就自己走出庙接受惩罚吧，免得让好人受到牵连。'自然没有人愿意出去。"——人们认同或默认"有难是因为有罪"的观念；没人愿意承认自己有罪。

"又有人提议道：'既然大家都不想出去，那我们就将自己的草帽往外抛吧，谁的草帽被刮出庙门，就说明谁干了坏事，那就请他出去接受惩罚。'于是大家就将自己的草帽往庙门外抛，七个人的草帽被刮回了庙内，只有一个人的草帽被卷了出去。"——没有真实的证据证明其中任何一个人有罪；人们在难以决策的时候，诉诸随机性或偶然性，以赌博的方式来决定命运。

"大家就催这个人出去受罚，他自然不愿出去，众人便将他抬起来扔出了庙门。"——被认为"有罪"之人被扔出去受死，然而自认无罪的这些人正在犯着杀人的罪行。

"那个人刚被扔出庙门，那座破庙轰然坍塌。"——命运是偶然的或不可预知的，有时候牺牲突然变成对自己的拯救。

结论：

这个故事的内涵比较复杂，可能的意思包括：

人们应共同承担命运，不能找人作替罪羊。或：面对共同的危险时，一个集体必须同舟共济，不能通过牺牲集体成员来获得苟全。

偶然性或随机性：有时候人用随机性来作出（非理性的）决定，而人的命运也是随机的或不可预知的。

被众人排挤，被众人推去牺牲，可能恰好是一种拯救。

故事明显暗示这个群体的做法是错误的，不应让人去为这个群体牺牲。为什么会发生这样的事？推究下去，是因为这个群体对这个被推出去牺牲的人，缺乏对他的生存权的尊重，对他可能存在而未必真有的"罪孽"缺乏宽容。

2. 三个故事的意义交集

很明显，三个故事之间，形成并列的结构关系。其共同的意思，可以大致归结为尊重与宽容。

3. 三个故事与上文的关系

根据"我看到那个得奖人身上落满了花朵，也被掷上了石块、泼上了污水"可知，"我生怕他被打垮"，"我"是指现实中的莫言，"他"是指得到诺奖的（理想中的）莫言。现实中的莫言，对社会的议论感到担心；但获得诺奖的莫言亦即理想中的莫言最后坦然地超脱了（"站在一边"）。

根据"用嘴说出的话随风而散，用笔写出的话永不磨灭"可知，莫言认为他的作品才能代表他真正想说的话，而现实中所说的那些话则是不可靠的。这暗示人们对莫言的指责，莫言在现实生活中说过的一些话可能引发了人们的非议。

"我没有资格强迫"、"我也不期望你们能改变对我的看法"，说明了莫言的立场是尊重和宽容。尊重读者的权利，对别人的看法心存宽容。

这三个故事与上文之间的语义是有交集的。

第一个故事：要尊重他人真实地表达情感的权利，对他人要宽容而不要打击。与上文的交集是尊重与宽容。

第二个故事：人与人之间，需要相互尊重、相互体谅，用不着以"英勇的斗士"自居。与上文的交集，仍然是尊重与宽容。

第三个故事：这个故事可能的寓意较多，但在"尊重与宽容"上与上文存在交集——在一个群体中，即使一个人可能有罪（事实上不一定有罪）也不能牺牲他，要尊重他生存的权利，要宽容他可能的罪孽。

4. 主题结论

主旨：尊重与宽容。

莫言讲这三个故事，联系上文的语境，可以认为是呼吁人们对莫言这样的作家要尊重和宽容，而不要"掷石块"、"泼污水"。

三、主题统一与意义重心:《小狗包弟》解读案例

以下解读摘自人民教育出版社的教师用书：

> 这篇课文是巴金《随想录》中的名篇。它讲述了作者家中的一条可爱的小狗在"文革"中的悲惨遭遇，从一个侧面反映那个疯狂时代的惨无人道的现实；文章还描写了小狗的悲惨遭遇留给作者心中永难磨灭的创痛，表达了深重的悲悯、歉疚和忏悔之情。

这是对巴金的《小狗包弟》的主题的解读。这个解读，如果不是解读含混，那就是存在着一个常识性的错误——这个文本的主题，到底是"反映那个疯狂时代的惨无人道的现实"，还是"表达了深重的悲悯、歉疚和忏悔之情"？主题可以是两个吗？如果说前者是其思想主题，后者是其情感主题，那么，从"反映那个疯狂时代的惨无人道的现实"（这就意味着罪在"那个疯狂的时代"而不在"我"），能够推导出表达作为个人的"我"的"深重的悲悯、歉疚和忏悔之情"吗？思想主题与情感主题如何统一呢？

教师用书还列举出了参考文章《深情中吟出的忏悔》（《名作欣赏》1988年第5期），下面是摘录：

> 《小狗包弟》思想内容最深刻的地方，是揭露"文革"的罪恶。……作者撰文的主要用意虽是忏悔，以自己对爱犬包弟的"出卖"

与"背叛"，谴责自己的懦弱（这从作品的字面中可以看出），但如果没有这场浩劫，这种忏悔本身也就不可能存在。因此，作品最深刻的意义，还在于对"文革"的无情揭露，它从一个特殊的角度——狗的命运中，客观地暴露了"文革"时那非人年代的某些特点，以及那一段特殊的历史给善良正直的人民所带来的近乎毁灭性的灾难。

《小狗包弟》还表现了作家严于解剖自己的可贵精神。……在那个动乱年代，人的生活都所寄无望，哪里还有心思顾一条狗？……但作家并未为此而解脱自己，他说，"不能保护一条小狗，我感到羞耻；为了想保全自己，我把包弟送到解剖桌上，我瞧不起自己，我不能原谅自己！"短短几句话，包含了超人的勇气，不但体现了作者所欣赏的卢梭式的"诚实"，更重要的，展现了作者崇高的精神境界，以及与之联系的对国家、历史、人民的高度责任感。

呼唤人性，讴歌人性，也是《小狗包弟》闪光的思想之一。

……

不能说这个解读没有依据，但是，这个解读把《小狗包弟》解读得支离破碎。《小狗包弟》的闪光点可能很多，但支离破碎显然不是其中之一。这个解读，实际上犯了文本解读之大忌——抓住文本的某一部分，说一个意思；抓住文本的另一部分，又说一个意思。这样的结果，就是无法整体把握文本，从而整合出一个覆盖全文的中心。

我们要问：揭露时代的罪恶，"严于解剖自己的可贵精神"，"呼唤人性，讴歌人性"，到底哪一个才是这个文本的主题？难道三个都是主题吗？

下面简单地分析一下。本文的意义单元，大概可以依次概括为如下几个：

（1）艺术家和狗的故事：以狗的性情映衬人的无情，以艺术家沉默的抗议映衬"我"的"可耻"。

（2）"我"和小狗包弟的故事：小狗包弟和"我"以及"我"的家庭的亲密关系。

（3）小狗包弟的不幸遭遇："我"畏惧紧张形势为求自保，而牺牲掉小狗包弟。

（4）"我"当时在事后的自责，开始了十年"逆来顺受"的苦难生活（终究未能自保）。

（5）"我"现在的伤痛和"心灵上的欠债"感。

这个文本，总体上来讲是叙述性的。梳理各个"意义单元"的结构关系，找到意义的重心，主旨就出来了。

从故事的构成来看，意义单元（3）和（4）是叙述的核心部分，文本意义的重心应该落在这一区域中。

值得注意的是：在此文本中，作者并没有把小狗包弟之死的罪责推给"十年浩劫"，而是归因于自己对形势的畏惧而"逆来顺受"。因畏惧而"逆来顺受"，把包弟送上解剖台以求自保，是包弟悲剧的根源；而"我"这么做非但没有达到自保的目的，反而成为苦难生活的开始，并且还在心灵上欠下难以偿还的债务。

这就是说，因畏惧而"逆来顺受"，是导致苦难的根源。这是文本意义重心的核心部位——本文的主题或主旨。如果用另外一种方式来表述，本文的主旨就是：对于可能损害我们的不正义的事，绝不可因畏惧而"逆来顺受"，而应听从良知，坚决抵抗。更简单地说，本文的主旨就是：勿与不义配合，我们必须抵抗。

这是一个重大的主题。解读至此，我们也发现，这是一个主旨相当隐蔽的文本。尽管其语言显得十分直白，但主旨却是非常含蓄的。巴金的作品，并不只是一杯白开水啊。

清理出这个主旨，我们就能更准确地领会文本开头一段的作用。开头一段不是"小狗包弟"的故事，它是一个被联想到的故事。它所起到的作用，就是对比:"我"没有被打被关押而只是出于对形势的畏惧,就配合形势把包弟送上了断头台;而那位艺术家,尽管被痛打但并未屈服,他被关押几年后,以买肉看望小狗的方式,向社会表达了深沉的悲愤和沉默的抗议。这个对比,以反抗的高贵凸显出"逆来顺受"的猥琐,与主题的表达是密切相关的。

四、解读操作的一般过程:《记梁任公先生的一次演讲》解读案例

这里以梁实秋先生的《记梁任公先生的一次演讲》为例,简要勾画一个文本解读的大致操作过程。为了便于说明,每个自然段前面标上序号。

记梁任公先生的一次演讲

①梁任公先生晚年不谈政治,专心学术。大约在民国十年左右,清华学校请他作第一次的演讲,题目是《中国韵文里表现的情感》。我很幸运地有机会听到这一篇动人的演讲。那时候的青年学子,对梁任公先生怀着无限的景仰,倒不是因为他是戊戌政变的主角,也不是因为他是云南起义的策划者,实在是因为他的学术文章对于青年确有启迪领导的作用。过去也有不少显宦,以及叱咤风云的人物,莅校讲话。但是他们没有能留下深刻的印象。

②任公先生的这一篇讲演稿,后来收在《饮冰室文集》里。他的讲演是预先写好的,整整齐齐地写在宽大的宣纸制的稿纸上面。书法很是秀丽,用浓墨写在宣纸上,十分美观。但是读他这篇文章和听他这篇讲演,那趣味相差很多,犹之乎读剧本与看戏之迥乎不同。

③我记得清清楚楚,在一个风和日丽的下午,高等科楼上大教室里坐满了听众,随后走进一位短小精悍秃头顶宽下巴的人物,穿着肥大的长袍,步履稳健,风神潇洒,左右顾盼,光芒四射,这就是梁任公

先生。

④他走上讲台，打开他的讲稿，眼光向下面一扫，然后是他的极简短的开场白，一共只有两句，头一句是："启超没有什么学问——，"眼睛向上一翻，轻轻点一下头："可是也有一点喽！"这样谦逊同时又这样自负的话是很难得听到的。他的广东官话是很够标准的，距离国语甚远，但是他的声音沉着而有力，有时又是洪亮而激亢，所以我们还是能听懂他的每一字。我们甚至想如果他说标准国语其效果可能反要差一些。

⑤我记得他开头讲一首古诗，《箜篌引》：

公无渡河，

公竟渡河！

渡河而死；

其奈公何！

⑥这四句十六字，经他一朗诵，再经他一解释，活画出一出悲剧，其中有起承转合，有情节，有背景，有人物，有情感。我在听先生这篇讲演后约二十余年，偶然获得机缘在茅津渡候船渡河。但见黄沙弥漫，黄流滚滚，景象苍茫，不禁哀从中来，顿时忆起先生讲的这首古诗。

⑦先生博闻强记，在笔写的讲稿之外，随时引证许多作品，大部分他都能背诵得出。有时候，他背诵到酣畅处，忽然记不起下文，他便用手指敲打他的秃头，敲几下之后，记忆力便又畅通，成本大套地背诵下去了。他敲头的时候，我们屏息以待，他记起来的时候，我们也跟着他欢喜。

⑧先生的讲演，到紧张处，便成为表演。他真是手之舞之足之蹈之，有时掩面，有时顿足，有时狂笑，有时叹息。听他讲到他最喜爱的《桃花扇》，讲到"高皇帝，在九天，不管……"那一段，他悲从中来，

竟痛哭流涕而不能自已。他掏出手巾拭泪，听讲的人不知有几多也泪下沾襟了！又听他讲杜氏讲到"剑外忽传收蓟北，初闻涕泪满衣裳……"，先生又真是于涕泗交流之中张口大笑了。

⑨这一篇讲演分三次讲完，每次讲过，先生大汗淋漓，状极愉快。听过这讲演的人，除了当时所受的感动之外，不少人从此对于中国文学发生了强烈的爱好。先生尝自谓"笔锋常带情感"，其实先生在言谈讲演之中所带的情感不知要更强烈多少倍！

⑩有学问、有文采、有热心肠的学者，求之当世能有几人？于是我想起了从前的一段经历，笔而记之。

1.提取主题词

初读文本，能够感知梁启超有激情、有感情的个性特点。文本结尾的"热心肠"，其意蕴似乎在整个文本中被反复渲染，可能是主题词或主题词之一。这是一个印象式的把握。这个时候我们得到的结论是，本文的主旨可能是通过记录梁启超的一次演讲，来描写其学问与个性。

但这个认知还是不明晰的，需要进一步对文本作理性的分析。

首先是需要确定主题词。主题词是不是"热心肠"呢？"热心肠"是否只是主题词之一呢？抑或是另有主题词？

此时我们注意到，对于确定主题词而言，文本最后一段确实是最重要的。因为：

（1）在确定主题词的时候，首尾段落的语句，通常具有较高的权重。

（2）最后一段"于是……笔而记之"，直接说明了本文的动机——因为"有学问、有文采、有热心肠的学者"当世罕有，所以写了这篇文章。

（3）由此推知，"有学问、有文采、有热心肠"构成梁启超主要的特点，主题词必然落于其中。

继续观察和分析：

（1）由于文本开头有"学术"一词，文末有"有学问"这一短语，所以，除了"热心肠"之外，"学术"或"有学问"也可能是一个主题词。

（2）最后一段中，"有学问"、"有文采"、"有热心肠"形成并列关系，这三个词都有可能构成主题词。

（3）"文采"的语义，似乎不同于我们平时所理解的"文采"，较为含混。搜索全文有关信息，似乎也不见着力突出"文采"。

（4）从文本中的具体描写来看，对梁启超的演讲，主要突出的是其情绪的动人，而似乎并未刻意突出其"学问"。他善于背诵，但只是背诵还不能叫作有学问；文中也未强调梁启超学问精深，或在学术上有何超越别的学者之处。

（5）从文本中对演讲过程的叙述进行一个初步的信息统计，可以发现，梁启超在每讲一篇韵文的时候，都有明显的情感反应内容，可以初步判断，表现梁启超的情感是本文的一个重点。而这个判断，能够获得文本中带有总括性的倒数第二段的支持。

综合以上分析，本文主题词，以"热心肠"最为可能。

2. 主要的意义单元分析

本文是"记梁任公先生的一次演讲"，那么对演讲的叙述和描写，无疑属于主要的表达部分，构成全文最主要的意义支撑。

我们首先需要观察文本中所记录的梁启超的演讲内容。"这一篇讲演分三次讲完"，可见讲授的内容很多，而这一文本中，所采用的古代韵文仅有三条材料：《箜篌引》；《桃花扇》中的唱词；杜甫《闻官军收河南河北》。

文本中对这三条材料，分别有所展开。《箜篌引》被单独展开，构成一个意义单元；而《桃花扇》与《闻官军收河南河北》存在着一个悲喜的对照，被放在同一个自然段中，构成一个相对独立的表意单元。下面分别分析。

（1）《箜篌引》。

《箜篌引》这"一首古诗",根据本文说法,"有起承转合,有情节,有背景,有人物,有情感"。下面简单分析一下:

> 公无渡河,(起)
>
> 公竟渡河!(承)
>
> 渡河而死;(转)
>
> 其奈公何!(合)

这是一出悲剧。抒情主人公在哭喊:"您不要渡河啊!您终究坚持去渡河了啊!渡河时您死掉了啊!我拿您怎么办啊!"四句分别暗含着劝止、坚持、死亡、无奈四个环节。

四句都是抒情主人公的哭喊,"公"是"渡河"的行动者,他已被淹死处在沉默状态,但这份沉默,比哭喊更为响亮,因为他才是这一诗歌文本真正要表现的主人。渡河是危险的,但一个"竟"字,凸显了"公"蹈死不顾的执著。这位强渡河流的人,他或许是盲目的,但也是坚定的、勇敢的、不计后果的。在危险面前,他选择了意志。

由此或许可以设想:"公"的这种执著,是否与戊戌政变的梁启超的心境类似呢?所有改革者都是有意志的和执著的,否则不会冒着风险、不顾劝告甚至不顾反对而致力于改革。梁启超为何独独选择并非最早的中国韵文《箜篌引》来作演讲的开头?坚持自我,相信意志,在明知不可为的情况下仍执意为之,就是"公"与梁启超在精神上的共鸣。

(2)《桃花扇》和《闻官军收河南河北》。

> 高皇帝,在九天,不管……

文本中没有全引,只有八个字。单看这八个字,没有人能理解梁启超为何这么动情。这个材料出自《桃花扇》第十三出《哭主》,是左良玉的唱词:

高皇帝在九京，不管亡家破鼎，那知他圣子神孙，反不如飘蓬断梗。十七年忧国如病，呼不应天灵祖灵，调不来亲兵救兵；白练无情，送君王一命。伤心煞煤山私幸，独殉了社稷苍生，独殉了社稷苍生！

这一段当然是韵文。但中国古代韵文，在艺术上超出这段韵文的很多。为什么梁启超最喜爱《桃花扇》，而讲到这段韵文就"竟痛哭流涕而不能自已"呢？分析原因，并不在于其有多高的思想性和艺术性，唯一的解释是：这段唱词使梁启超由崇祯皇帝联想到光绪皇帝。作为辅佐光绪皇帝变法的旧臣，梁启超亲自经历了戊戌政变失败之际光绪皇帝的困局，这段唱词触动了他内心深处最痛的地方。

"高皇帝"就是崇祯皇帝。他是一位励精图治希望力挽危局的亡国之君；光绪皇帝是晚清皇帝，也是一位企图通过维新来力挽危局的君主，变法失败后很快死去。二者具有可比性。光绪变法濒临失败之时的处境，与唱词中"十七年忧国如病，呼不应天灵祖灵，调不来亲兵救兵"，亦相仿佛。梁启超当时追随光绪，对此处境，是了解真切而感受深切的。

"剑外忽传收蓟北，初闻涕泪满衣裳"，是杜甫《闻官军收河南河北》中的句子。杜甫为什么如此高兴？是因为国家有喜讯。梁启超在此"张口大笑"，与本段《桃花扇》的"悲从中来"，两相映照，不难看出他内心的家国情怀。

（3）两个意义单元的交集。

分析至此可以看出，两个意义单元的交集是：梁启超表面上是在作一个学术演讲，实际上他对政治仍然未能忘情，他关心政治、关心国事的情怀仍然执著。

而这，恰好就是对"热心肠"最为恰当的注脚。

这个文本的主题是：通过对梁启超这次演讲的叙述和描写，表现他尽管一生遭遇重大政治挫折，仍然始终执著政治、不忘家国的热心肠。

3. 辅助性分析

（1）如果我们来记录这一次演讲，很可能直接从第③段入手。那么，文本中的①②两段起什么作用？

第①段说梁启超先生晚年"不谈政治，专心学术"，是虚晃一枪。表面上看，这是对的；实质上，本文主体部分恰好是表现了梁启超关心国事的政治情感。然而这样写是非常奇妙的一笔——梁启超先生早年遭遇重大的政治挫折，晚年实际上仍然满怀忠君忧国的情怀，说明梁启超的"热心肠"是执著的。"不谈政治，专心学术"，则意味着梁启超相当于一位因政治受挫而隐于学术的"隐士"。由此更能突出其关心国事的执著的"热心肠"淡不去，压不下，浇不灭，死不掉。也只有这样写，文末"求之当世能有几人"，才立得住脚。

第②段谈演讲稿与演讲的趣味差异，"犹之乎读剧本与看戏之迥乎不同"，是为后文表现梁启超演讲之动人、情感之淋漓预热。

这两段的作用，除了其表意功能，还使得行文姿态丰富。比一开始就从第③段入手，更为成熟老辣。

（2）第⑥段后半部分写"我"渡黄河，有什么作用？

主要作用是，侧面表现了梁启超这次演讲的影响深远，直至二十多年后犹存。

此处也可能存在着"我"与梁启超在情怀上的某种响应——但这只是一种推测。文本中仅说"偶然获得机缘"渡黄河，单从"黄沙弥漫，黄流滚滚，景象苍茫"还看不出"我""哀从中来"的具体原因。

（3）第⑦段与上下文的关系是什么？

第⑦段从内容上看，主要表现梁启超的博闻强识。博闻强识与文本主题没有太大的关系。但本段中提及的他对听众的控制力："他敲头的时候，我们屏息以待，他记起来的时候，我们也跟着他欢喜。"这才是重要的信息，说明演讲中的梁启超的状态的感染力超强，以至于主宰了听众的情绪。这一句也与第⑧段中"他掏出手巾拭泪，听讲的人不知有几多也泪下沾襟了"存在语义响应，所以可以认为第⑦段是为第⑧段所作的铺垫，两段可以合并为一个意义单元。

（4）本文的结构是怎样的？

开头部分：①②两段，以议论的方式构成一个迂回，为记这次演讲提供背景，也为主题表达提供间接支持。这是这篇叙事性散文结构比较特殊性地方。

结尾部分：⑩段是一个总结，交代文本写作的动机，揭示主题，即梁启超这种"热心肠"是当世罕有的。

主体部分：③至⑨段是叙述演讲的情况。其中，第⑨段有总括这次演讲的作用。其余段落是按照演讲过程的顺序安排的。

第③段写人物的形貌，第④段写开场白，不是本文主题最有力的支撑部分，但可以起到丰富人物形象的作用。⑤⑥与⑦⑧，分别构成全文最重要的两个意义单元，居于文本结构的核心部位，集中表现了梁启超的"热心肠"。

从语义信息的数量上分析，⑤⑥与⑦⑧的统计量，远远超过了③④两段。

从语义信息的焦点上分析，⑤⑥与⑦⑧明确地指向"热心肠"；而③④两段的信息指向较为分散，在表意上仅具有辅助性的功能。

第二部分

文本解读的基本方法

第一节　语义识别

一、方法解说

解读文本，首先要潜下心来研究词句。一个文本的主旨，亦即它总体上的意义，是建立在文本各个局部的意义上的。

一个文本是由若干个语句组成的。这些语句，根据其语义关联的紧密度，形成不同的表意单位。这些表意单位是文本表意的基础。判断每一个词句的语义，是文本解读最基础的任务。

这部分工作的基本要求，就是要在微观上追求理解的准确。做到了这一点，我们才有可能在宏观层面准确地理解整个文本的意义。

为了解说的方便，本节主要举《论语》为例来进行说明。《论语》每章都是很简短而又相对完整的小文本，作为例子有利于控制篇幅。

1. 结合语境辨析，忠实提取语义

词句的理解与辨析，是在具体语境中进行的，这就需要结合上下文加以辨析。这个辨析过程，实质上是准确地提取语义的过程。基本要求是，必须严格忠实于语句内容，做到不增不减。不增不减，才符合准确的要求。只有不增不减，才不致扭曲文本的原意。

子曰："孰谓微生高直？或乞醯焉，乞诸其邻而与之。"

【译文】孔子说："谁说微生高这个人直爽？有人向他讨点醋，［他不说自己没有，］却到邻人那里转讨一点给人。"

文本解读时，读者通常会根据模糊的感觉而得出不确切的认知，例如，"孰谓微生高直"，听起来似乎是孔子对微生高不直率的批评。

如果觉得这里有孔子对微生高的批评，这是错觉。产生这一错觉的原因是，我们主观上认为"直"是好的而"不直"是不好的；而这种意念，随着"孰谓微生高直"这个语气强烈的反问被微妙地加强——既然微生高不直率，那么他当然应该被孔子批评。

实际上，严格还原句子语义，即可知，孔子只是否定了微生高的"直"，而接下来的论据——"或乞醯焉，乞诸其邻而与之"——说明微生高其实是个好人，他为了满足别人的要求，不忍心拒绝，借来他自己所没有的东西转借给别人。他没有实事求是地直接坦承自己没有，这就是他的"不直"。"不直"是一个事实，但孔子并无进一步批评的意思。

孔子的类似意见，还见于下列材料：

> 子张问曰："令尹子文三仕为令尹，无喜色；三已之，无愠色。旧令尹之政，必以告新令尹。何如？"子曰："忠矣。"曰："仁矣乎？"曰："未知，焉得仁？"
>
> "崔子弑齐君，陈文子有马十乘，弃而违之。至于他邦，则曰：'犹吾大夫崔子也。'违之。之一邦，则又曰：'犹吾大夫崔子也。'违之。何如？"子曰："清矣。"曰："仁矣乎？"曰："未知，焉得仁？"

对令尹子文和陈文子，孔子都根据他们的行为，肯定其"忠"和"清"，但不承认其"仁"。这是实事求是的判断。不能因为孔子倡导"仁"，而据此认为这段文献是孔子批评他们"不仁"——事实上，孔子认为他们是否

"仁"，是"未知"的。

实事求是，严格尊重文本，根据既有信息，提取语义，不增不减，这是文本解读时作出准确判断的必要前提。孔子的做法，本身就是"有一分证据说一分话"的极好示范。

2. 规避矛盾的合理推断

在阅读理解过程中，尤其是在文本语句含有隐含信息时，适度的、合理的推断是必要的。但是，提取和识别语义，要谨慎地规避矛盾，防止误解。

（1）推断不得导致矛盾。

推断，必须有合理的依据；推断出来的结论，必须与文本既有信息吻合。虽然文本中不一定有能够直接印证推断结论的信息，但至少推断结论不得与文本相互违逆，形成矛盾。

鲁迅的小说《药》这个文本中，两个主要的家庭，一个姓"华"，一个姓"夏"。为何偏偏是这两个姓氏而不是别的呢？小说中这样取名有无意图呢？可以设想：这两家合起来就是"华夏"——而华夏代表中国。继续寻找线索，可以发现另外一些小说人物的名字，包括"驼背"、"红鼻子"、"红眼睛"，这类名字的共同点，都是不正常的身体状态。这种状态，是不是暗示中国民众普遍有"病"呢？民众有病，而刽子手偏偏无病，他姓"康"。如果是，那么可以推断：这一文本中的人物命名，应该是有深意的。

在此文本中，那堆坟墓被比喻为"宛然阔人家里祝寿时的馒头"，与被小栓吃下的那个"鲜红的馒头"，有无关系呢？如果联系到王梵志以馒头喻坟墓的著名诗句——"城外土馒头，馅草在城里，一人吃一个，莫嫌没滋味"，能否推断出《药》这个文本中作为治病之"药"的"馒头"，实际上是隐喻坟墓亦即死亡呢？

推断得出的推论，回到文本中检验，只要与文本其他任何内容均不存在违逆、不发生矛盾，那么推断就是成立的。

（2）推断建立语义关联。

当句意跳跃时，推断意味着需要寻求句子之间的逻辑联系。

> 子使漆雕开仕。对曰："吾斯之未能信。"子说。
>
> 【译文】孔子叫漆雕开去做官。他答道："我对这个还没有信心。"
> 孔子听了很欢喜。

为什么孔子叫漆雕开去做官，漆雕开不去，孔子反而高兴呢？

这里存在着语义的跳跃和断裂。要理解这几句话，必须对孔子为什么高兴进行合理的推断；要得到合理的推断，就必须在"孔子叫漆雕开去做官—漆雕开推辞—孔子很高兴"这个链条中，建立起逻辑联系。

按照一般的道理，孔子让漆雕开去做官，漆雕开就去做官，孔子才会高兴；而这里孔子竟然高兴，原因只能从漆雕开的回答中寻求。漆雕开的回答，一方面是对孔子叫他做官的拒斥，但同时恰好证明了漆雕开的谦虚及其对做官的慎重。这是符合孔子"为国以礼"的主张的。这就是"子说"的原因。

子路谈从政理想的轻率受到过孔子的批评，"为国以礼，其言不让，是故哂之"，就是一个旁证。

推断是文本理解中最重要的能力之一，这种能力是建立在分析能力和知识背景之上的更高级的能力。准确的推断力，往往综合了较复杂的因素，但无论怎么复杂，合理的推断所得出的推论，一定能够有效诠释文本而不致产生矛盾。

（3）基于事理进行推断。

推断，有时候需要利用一般的经验和事理。

> 子游曰："事君数，斯辱矣；朋友数，斯疏矣。"
>
> 【译文】子游说："对待君主过于烦琐，就会招致侮辱；对待朋友过

于烦琐，就会反被疏远。"

这里的理解也需要推断。子游这样说的依据是什么呢？

"事君数，斯辱矣；朋友数，斯疏矣"，实际上是基于经验的心理学判断。无论两个人的关系多么亲密，都必须保持合适的距离，不可在行动上、言语上太多太频密地靠近。两个人之间，无论是君臣之间还是朋友之间，不可能总是一致的，过于频密地接触，就会增加摩擦的可能性，从而导致关系受损，最终带来"辱"或"疏"的结局。这样推断，能够对子游的说法进行合理的解释，所以这个推断是可能符合文本原意的。

（4）以推断揭示隐含意义。

有时候，句意十分隐蔽，如果缺乏推断能力，就几乎无法达成有效的理解。

> 子曰："吾未见好德如好色者也。"
>
> 【译文】孔子说："我没有看见过这样的人，喜爱道德赛过喜爱美貌。"

本句语义是清楚的，即使没有译文，我们照样能准确判断句意。但有心的读者未免好奇：孔子说这话，难道就只是这个意思吗？他究竟想告诉我们什么？

首先我们要注意到，这个句子是陈述事实而非作出评价：只是陈述所观察到的一个现象（事实），并没有指出这种现象是好的或不好的。仅仅根据这个语句，读者看不出孔子是主张好色还是好德的。

合理的推论是必要的：依据语句本身的信息，适度推断，得出推论。

在理解这个文本时，我们要问孔子何以说这样的话，他可能的动机（表达意图）是什么。我们可以这样进行分析和推断：

第一，指出人们对美德的喜爱弱于对美色的喜爱的事实。

这显而易见是正确的，原句的字面意思就是如此。

第二，指出美色比美德更具吸引力是基于一般人性的普遍现象。

这也是正确的，根据"未见"，可见这种现象几无例外的普遍程度。当然应该注意到，孔子说这句话是依据他自己的观察经验（这是个人经验，或许有局限性和不完整性）。

第三，隐含意义：如果想追求美德，就意味着需要克服人性的一般反应，约束好色之心才能够趋向道德。

这是对孔子言说动机的推论。这个推论应该是成立的。首先，在本句中不致发生理解的矛盾；其次，通过文本外的旁证，综观孔子的言论，他对"德"是非常看重的，与此处的推论不存在矛盾。

3. 质疑 + 推断

文本阅读的过程中，有时候需要质疑。特别是当文本语句的语义看似存在矛盾、当我们的理解发生障碍时，尤其需要提出疑问并思考下去，寻求合理的解释。

质疑是个好习惯。提出问题之后，要继之以推断；通过推断，寻求问题的答案。答案是否合理，首先要在文本中能够自圆其说，能够合理地解释文本内容；其次，有时候我们被迫寻求文本之外的资料来作为我们推论的旁证——这个方法要谨慎使用，原则上说，以文本之外的资料来解释文本，必须十分小心。

子罕言利与命与仁。

【译文】孔子很少［主动］谈到功利、命运和仁德。

如果译文中没有添加"主动"一词，原文就很费解，因为存在着明显的矛盾，孔子主张"仁"，但反对君子违背原则去求"利"。观察杨伯峻《论语译注》此处的文本，能够感觉到这里存在着矛盾。我们至少可以提出下面的疑问：

（1）《论语》中孔子多处谈及"仁"，怎么能说"罕言"呢？

（2）"利"不是孔子的追求，但"仁"是。"利与命与仁"的并列不是很奇怪吗？

（3）"利与命与仁"，两个"与"字连接三项，在先秦文献中，连用"与"字来表示并列的连接，这样的用法是孤例还是通例？

（4）在译文中加上原文所没有的"主动"，依据是什么呢？

杨伯峻的注解中，是这样为其译文的合理性辩解的："《论语》中讲'仁'虽多，但是一方面多半是和别人问答之词，另一方面，'仁'又是孔门的最高道德标准，正因为少谈，孔子偶一谈到，便有记载。不能以记载的多便推论孔子谈得也多。孔子平生所言，自然千万倍于《论语》所记载的，《论语》出现孔子论'仁'之处若用来和所有孔子平生之言相比，可能还是少的。"

这个辩解，仍然不能回答《论语》中为什么频繁地谈论"仁"的问题。我的看法是：

（1）整个《论语》都"多半是和别人问答之词"，这无法解释为何谈"仁"很多，而谈"利"与"命"较少。

（2）既然"'仁'又是孔门的最高道德标准"，是极其重要的价值，就没有避而不谈的理由。事实上《论语》中对"仁"的谈论占据了一定的话题优势。

（3）如果说"《论语》出现孔子论'仁'之处若用来和所有孔子平生之言相比，可能还是少的"，那么谈论别的话题的内容也很可能同比例地变少。

杨伯峻的注解中补充了一些资料，谈及王若虚、史绳祖等人都认为这句应如此读："子罕言利，与命，与仁。""与"，许也。意思是"孔子很少谈到利，却赞成命，赞成仁"。其实王若虚、史绳祖等人的断句与解读，才是符合逻辑与文意的。"子罕言利"，因为孔子反对君子谈论利益，追求不正当的利益；"与命，与仁"，是因为天命与仁德是孔子认同的。

补充一点：杨伯峻译文中，把"与"视为现代汉语中的连词，这本身就是十分可疑的。

当文本中出现句意缺损的情况时，质疑和推断是很有效的：

> 子见齐衰者、冕衣裳者与瞽者，见之，虽少，必作；过之，必趋。
>
> 【译文】孔子看见穿丧服的人、穿戴着礼帽礼服的人以及瞎了眼睛的人，相见的时候，他们虽然年轻，孔子一定站起来；走过的时候，一定快走几步。

质疑：孔子对穿丧服者、冕衣裳者都表示敬重，这容易理解，因为这就是孔子重视"礼"的体现。可是为什么他只是对"瞽者"表示敬意，而不是对所有身体残疾者表示敬意呢？

旁证与推断："瞽献曲，史献书"，是《国语·周语上》的说法。中国古代以瞽者为乐师。孔子对"瞽者"表示敬意，是因为"瞽者"代表着音乐，而音乐是孔子非常重视的。对穿丧服者、冕衣裳者表示敬重，属于"礼"的方面；对"瞽者"表示敬意，属于"乐"的方面。合起来看，我们就可以推断：这段文字的精神实质，就是表现孔子对"礼乐"的重视。

虽然我们是在文本外的文献中找到的旁证，但这个旁证回到此处的文本中，能够得到合理的解释。这意味着我们的推断是能够成立的——除非找到别的证据能够推翻这个推论。

4. 比较 + 推断

有比较才有鉴别。

有时候，一个文本可能意外地存在着可资比较的材料。这时候，研究词句就可以采用比较的方法，通过比较异同来求得对语义的更确切的理解。

下面我们来比较一下《渔翁》的两个版本，看看其意义有何增减。

渔　翁

渔翁夜傍西岩宿，晓汲清湘燃楚竹。

烟销日出不见人，欸乃一声山水绿。

回看天际下中流，岩上无心云相逐。

这是柳宗元的原版。苏轼《书柳子厚〈渔翁〉诗》云："诗以奇趣为宗，反常合道为趣。熟味此诗有奇趣。然其尾两句，虽不必亦可。"严羽《沧浪诗话》从此说，曰："东坡删去后二句，使子厚复生，亦必心服。"

但是，并非所有人的意见都这么一致。后两句是保留着好，还是删除为好？

要讨论这一问题，就必须比较删除前后将会有哪些差异。假如把最后两句删除，这首诗就成了苏轼的删节本：

渔　翁

渔翁夜傍西岩宿，晓汲清湘燃楚竹。

烟销日出不见人，欸乃一声山水绿。

两句诗被删除，其语义也就从文本中脱落了。

（1）删除后，仍然可以见出渔翁的形象。"烟销日出不见人，欸乃一声山水绿"，只闻桨橹之声，不见渔翁形迹，在此收场更有"神龙见首不见尾"的神秘感。苏轼所说的"奇趣"仍然在，而且得到了加强。

（2）继续观察，我们可以说，删除之后，这首诗写的就只是一位渔翁。"烟销日出不见人，欸乃一声山水绿"，大概是渔翁早饭后到江上打鱼去了——不能符合逻辑地得出这位渔翁是一位隐士的结论。

原诗多了"回看天际下中流，岩上无心云相逐"两句。根据这两句的意思能够看出，这不是一位普通的渔翁——这里是化用陶渊明《归去来兮辞》"云无心以出岫"句意——这位渔翁，乃是隐士。

因此，删除后二句，原诗的主题势必受到损害。苏轼、严羽的意见，不能苟同。

下面是另一个例子。《论语》中同一内容在不同语境中的不同陈述：

> 哀公问："弟子孰为好学？"孔子对曰："有颜回者好学，不迁怒，不贰过。不幸短命死矣，今也则亡，未闻好学者也。"
>
> 【译文】鲁哀公问："你的学生中，哪个好学？"孔子答道："有一个叫颜回的人好学，不拿别人出气，也不再犯同样的过失。不幸短命死了，现在再没有这样的人了，再也没听过好学的人了。"

> 季康子问："弟子孰为好学？"孔子对曰："有颜回者好学，不幸短命死矣，今也则亡。"
>
> 【译文】季康子问道："你学生中谁用功？"孔子答道："有一个叫颜回的用功，不幸短命死了，现在就再没有这样的人了。"

鲁哀公和季康子询问同样的问题，孔子的回答，基本内容是一致的，但语义信息的详略显然不同。通过比较，我们可以得出下面的分析和推论：

（1）从回答的长度比较，可以感觉到，孔子回答鲁哀公是更有耐心的。"今也则亡"，简单明了；"未闻好学者也"，实际上是对"今也则亡"意思的再一次强调，可见说话者希望尽量把意思说得更明白。

——由于鲁哀公和季康子身份的差异，前者是君，后者是臣，所以孔子回答的详略可能与"礼"有关。

——由于季康子是鲁哀公时的正卿，很有权势，孔子回答简略可能与对季康子作为权臣的反感或不满有关。

（2）从内容上比较，"不迁怒，不贰过"是回答哀公时才有的语义信息。

由于孔子回答的是关于"好学"的问题，如果孔子不是答非所问，那么可以判断：在孔子的观念中，"不迁怒，不贰过"，是能显示"好学"的一项重要表征。

二、方法运用举例：鲁迅《祝福》

文本的意义分析和语言赏析，常常需要通过推敲词句语义来实现。《祝福》中值得分析品味的词句很多，下面举几个例子来说明。

> 旧历的年底毕竟最像年底。

所谓"旧历的年底"是与"新历的年底"相对而言的。为何说"毕竟最像"？可能的意思有二：第一，揭露排斥外来文化的守旧心态："旧历的年底毕竟最像年底"，在小说的社会文化环境中，新历作为外来文化，它的"年底"不能带来过年的气氛和感觉。第二，根据下文的叙述，"旧历的年底"没有一点新气象，充满了没落的迹象，所以"毕竟最像年底"。

> 他比先前并没有什么大改变，单是老了些，但也还未留胡子，一见面是寒暄，寒暄之后说我"胖了"，说我"胖了"之后即大骂其新党。但我知道，这并非借题在骂我：因为他所骂的还是康有为。但是，谈话是总不投机的了，于是不多久，我便一个人剩在书房里。

这段话写得很有意思。鲁四老爷"比先前并没有什么大改变，单是老了些"，暗示鲁镇没有新的信息传来，非常闭塞；同时暗示鲁四老爷思想保守，除了年龄之外没有任何长进和变化。"一见面是寒暄，寒暄之后说我'胖了'，说我'胖了'之后即大骂其新党"，这个顶针的运用，环环相扣，鲁四老爷迫不及待地把话题引向对"新党"的痛斥，表明他思想的保守，对"新党"的痛恨。而最妙的是，"这并非借题在骂我：因为他所骂的还是康有为"，"还是"一词，表明鲁四老爷对外部社会的进展缺乏了解，他的意识形态还停留在晚清时期，由此折射出作为鲁镇传统知识分子代表的鲁四老爷的无知和愚昧，十分精妙。"于是不多久，我便一个人剩在书房里"，"剩"字也十分精妙，表明"我"在鲁四老爷处是一个多余的人，暗示"我"与鲁四老爷的某种对立，同时也暗示出是鲁四老爷主动离开，而"我"处于被动的地位。

> 我回到四叔的书房里时，瓦楞上已经雪白，房里也映得较光明，极分明的显出壁上挂着的朱拓的大"寿"字，陈抟老祖写的。一边的对联已经脱落，松松的卷了放在长桌上，一边的还在，道是"事理通达心气和平"。我又无聊赖的到窗下的案头去一翻，只见一堆似乎未必完全的《康熙字典》，一部《近思录集注》和一部《四书衬》。

这段话写四叔的书房。"朱拓的大'寿'字，陈抟老祖写的"，陈抟与理学是有渊源的，这里切合了鲁四老爷这个讲理学的老监生的身份。对联的一边已经脱落，当然透露出没落的气息。"品节详明德性坚定"是脱落的上联，实际上也象征性地暗示了鲁四老爷的沦落，暗示其品节和德性的缺失。而"事理通达心气和平"被特意写出来，与后文鲁四老爷高声斥骂祥林嫂为"谬种"等处形成对比，读到后文，便发现这里隐含着讽刺——讽刺他并非如其标榜的那样"心气和平"——这也揭露出他的虚伪。

"似乎未必完全"几个字很有意思，《康熙字典》是字书，而"似乎未必完全"，似乎暗示鲁四老爷知识的匮乏，连字也未必认识很多。如此，则其讲理学，"事理通达"，多半只是标榜，未必通达。

> 我很悚然，一见她的眼钉着我的，背上也就遭了芒刺一般。

很多解读者以字匠的眼光，看到这个句子中的"钉"字，便说这个"钉"应该是"盯"（语文课本也如此解释）。其实，这种解释完全是化神奇为腐朽。"盯"字有什么意味可言，"钉"才能表明祥林嫂渴望答案的急切心理和"我"芒刺在背的悚然之感。读文学作品需要文学的意识，"钉"字背后其实藏着一个钉子的隐喻。而且，"钉"与"芒刺"有语义关联，"盯"没有。以"钉"为"盯"，实在是煞风景。

> 晚饭摆出来了，四叔俨然的陪着。我也还想打听些关于祥林嫂的消息，但知道他虽然读过"鬼神者二气之良能也"，而忌讳仍然极多，当临近祝福时候，是万不可提起死亡疾病之类的话的，倘不得已，就该用一种替代的隐语，可惜我又不知道，因此屡次想问，而终于中止了。我从他俨然的脸色上，又忽而疑他正以为我不早不迟，偏要在这时候来打搅他，也是一个谬种，便立刻告诉他明天要离开鲁镇，进城去，趁早放宽了他的心。他也不很留。这样闷闷的吃完了一餐饭。

两个"俨然"，很有意思。两个都有一本正经、十分严肃的意思，但又有区别。前一个，侧重暗示四叔和"我"之间的隔膜，以及他作为家族尊长的架子和权威；后一个，则表示四叔对死亡因忌讳而故作严肃、对祥林嫂的不满以及对"我"的不爽。"不很留"也很巧：不是不留，出于客套，还是要留；但又不是真要留，所以是"不很留"。

"他虽然读过'鬼神者二气之良能也'，而忌讳仍然极多"，这句话的讽刺是深刻的。"鬼神者二气之良能也"，这句《近思录》中的话，以阴阳二气来解释鬼神的由来，实际上含有唯物主义因素。小说在描写鲁四老爷书房时特意拈出理学家的《近思录》，鲁四老爷本人是讲理学的，因而他的"忌讳仍然极多"，则构成一个讽刺——鲁四老爷其实并不信奉他所标榜的，他是一个伪君子。

> 但不到一顿饭时候，她便回来，神气很舒畅，眼光也分外有神，高兴似的对四婶说，自己已经在土地庙捐了门槛了。

"高兴似的"——这个"似的"太有意思了！为什么不是"高兴"而是"高兴似的"？按常理说，捐了门槛了，祥林嫂应该如释重负才对，应该高兴才对。这句话背后的意思是：祥林嫂已是行尸走肉，她的生命主体已被掏空，已经失去高兴的能力了，她只能是"看起来高兴"（脸上有一个"高兴"的表情，但心中并不存在"高兴"的感受）。

对阿毛之死几乎雷同的重复叙述

如果我们仅仅看到阿毛的悲惨，或者仅仅看到祥林嫂对阿毛之死的悲伤与自责，那么这就说明我们对语义信息的提取是不充分的。因为这显然无法解释文本中为何进行如此大面积的重复，而这个文本的作者鲁迅先生恰好是以文笔精练著称的。

重复有可能是无病呻吟的啰嗦，也有可能是富有深意的强调。有理由相信，这些明显重复的话语，可能是文本塑造人物形象的一种手段。孤立看一些散落在文本中的语句，确实看不出意味来，然而把那些散落的重复性语句看成一个系列或者一个系统，那些看似重复的话语就大有深究的必要。

解读如果细致用心，至少可以获得如下观察：

（1）祥林嫂讲这个故事的精神状态，是眼睛"没有神采"、"直着眼睛"。

（2）祥林嫂讲这个故事的时候，是长篇幅的、连续讲述的，这与她先前话语不多、大多数时候沉默的情形是背离的，行为模式非常反常。

（3）祥林嫂讲这个故事的时候，是不顾听众反应的，特别是文本第二次重复的时候，无人要求她讲阿毛，而"她全不理会"听众的态度，只顾自己讲述。

（4）故事的言说模式是雷同的，用词几乎没有变化。

上述观察完全符合文本事实。对此一事实的解释是解读中无法回避的。依次解释上述 4 项观察，可以得出如下分析：

（1）祥林嫂此时的精神状态，已经是失神的或半痴呆的。

（2）祥林嫂行为模式非常反常，是其精神状态失常的外部表现。

（3）祥林嫂不顾听众反应只顾自己讲述，说明她已陷入内心痛苦中，对外部世界的反应变得迟钝。

（4）言说模式的雷同，用词几乎没有变化，说明其语言机能的衰退，这是一种精神病的症状。

（5）总结上面4点来看，文本中的这一重复，表明祥林嫂已经处于精神病的某一阶段。阿毛之死对祥林嫂的打击是致命的，她已因绝望而开始精神失常。

与此呼应的还有后文的两处叙述，这两处叙述能印证上述分析是准确的：

> "我真傻，真的，"她开首说。

> "是的，你是单知道雪天野兽在深山里没有食吃，才会到村里来的。"他们立即打断她的话，走开去了。

> 她张着口怔怔的站着，直着眼睛看他们，接着也就走了，似乎自己也觉得没趣。但她还妄想，希图从别的事，如小篮，豆，别人的孩子上，引出她的阿毛的故事来。倘一看见两三岁的小孩子，她就说：

> "唉唉，我们的阿毛如果还在，也就有这么大了……"

> "唉唉，我真傻，"祥林嫂看了天空，叹息着，独语似的说。

> "祥林嫂，你又来了。"柳妈不耐烦的看着她的脸，说。"我问你：你额角上的伤痕，不就是那时撞坏的么？"

> "唔唔。"她含胡的回答。

> "我问你：你那时怎么后来竟依了呢？"

> "我么？……"

这两处叙述中，有如下几点值得分析：

（1）祥林嫂的叙述被打断时，她的反应是"张着口怔怔的站着"、"直着眼睛"，是近于痴呆的。

（2）"她还妄想，希图从别的事，如小篮，豆，别人的孩子上，引出她的阿毛的故事来"，这是精神偏执的明显表现。

（3）"独语似的说"，已经完全不顾听众的有无，这是精神不正常的明显信号；祥林嫂对柳妈的回应，明显地表现出痴呆。

分析至此，我们才能真正准确提取阿毛故事中的意义信息，懂得几乎雷同地重复两次的价值所在、用意所在。看似冗余的语言，在表意上并不冗余。这是对人物形象的有力呈现，艺术技巧非常高超。

第二节　文本事实梳理

一、方法解说

文本解读，必须基于文本事实，严格忠于文本信息。

文本事实，这里是指客观存在的文本信息。这些信息是"客观的"，在文本中是明确的"事实"。在文本解读的过程中，都必须不折不扣地尊重文本事实，客观中立地厘清文本事实。

1. 禁止增添文本没有的信息

"增意解文"是个大忌。训诂学上有"增字解经"的说法，王引之《经义述闻·通说下》"增字解经"条云："经典之文，自有本训。得其本训，则文义适相符合，不烦言而已解；失其本训而强为之说，则扞格不安，乃于文句之间增字以足之，多方迁就，而后得申其说。此强经以就我，而究非经之本义也。"

文本中的信息，有就是有，无就是无，不得任意增减。要尊重文本信息的客观性，解读不能越出文本边界。

很多时候，文本解读出现失误，就在于为了证明自己的主观想法或感受，脱离文本事实，凭空增加意思扣在文本之上。解读《荷塘月色》，说表现了当时政治气氛下的苦闷，请问文本中何处可见文本证据的支持？解读古诗，一见杨柳就立即与离别挂钩，殊不知贺知章《咏柳》与离别并无丝毫关系。"离别"这一意涵，是不能依据文本事实得出的。

要避免这种弊病，就要认真研究原文，严格尊重文本，不能望文生义，任意附会，强自解释。

在戴望舒的《雨巷》中，存在一个像丁香一样的结着愁怨的"雨巷姑娘"的形象。而在这一文本中，开头说"我希望逢着一个丁香一样的结着愁怨的姑娘"，结尾说"我希望飘过一个丁香一样的结着愁怨的姑娘"，这意味着，那位"雨巷姑娘"并未真实地出现在雨巷中；她不过是"我""希望"出现的，她是"我"心里想象出来的形象，是"我"的"心象"。这就是文本中的客观事实。如果误以为本诗表现了"我"与"雨巷姑娘"在雨巷的擦肩而过，这就是无中生有地添加了"事实"。

无中生有地添加"事实"，会扭曲文本事实，从而导致解读错误。只有严格尊重文本事实，才能确保解读的准确。基于"雨巷姑娘"并不真实存在、只有"我"独自彷徨在雨巷这一文本事实，可以得出"我"是孤独的这一结论；基于文本"像我一样，像我一样地"反复强调"我"与"雨巷姑娘"的一致性，不难分析出"雨巷姑娘"本质上是"我"的孤独愁怨的投影这一结论。最后我们能够看出："雨巷姑娘"并不是外在于"我"的一位姑娘，而是"我"自己的心境。看起来是两个人的一场诗意的擦肩而过，实际上不过是"我"一个人的一场独角戏。

而这些，都是严格基于文本事实得出来的。

2. 对文本信息保持中立客观

保持中立，是指要超越阅读者自身的既有观念，摒除主观臆想、情感偏好。在阅读理解过程中，要追求对文本的还原性理解，不要急于评价。

贺知章《咏柳》："碧玉妆成一树高，万条垂下绿丝绦。不知细叶谁裁出，二月春风似剪刀。"袁行霈以为，"它通过一株柳树，写出了整个的春天；通过似剪刀的春风，赞美了一切创造性的劳动"。"整个的春天"属于无中生有的信息，这是"增意解文"；"创造性的劳动"，则是解读者把自己的观念置于文本之上。孙绍振正确地指出，"'创造性劳动'这种意识形态性很强的话语"，怎么可能出现在一千多年前的诗人头脑中？

如果没有客观中立的理性，就有可能自以为是，对文本进行胡乱解说。例如《我的叔叔于勒》，有人以为此文"表现了金钱对人性的腐蚀"。这种看法不过是评论者的主观臆断，根本没有尊重文本事实。在此文本中，金钱是怎么腐蚀人性的？有什么证据证明了金钱在对"我"的父母发挥着腐蚀作用？文中是否存在一个表现腐蚀的过程——假设于勒叔叔在文本一开始就以穷光蛋的身份出场，父母就会热烈欢迎他吗？父母自始至终都是希望于勒叔叔带回金钱以缓解贫困的，他们行动的逻辑在小说中是一直没有什么变化的，并不存在一个由未经腐蚀到被腐蚀的变化过程。

如果客观看待文本事实，我们就可能得出更为合理的结论。父亲难道生来就不爱他的亲弟弟于勒吗？冷漠是因为生存的艰难。由于贫穷，经济拮据，连自己的女儿都嫁不出去，做父母的作何感想？这种情况下他们能不重视金钱吗？并非人性的凉薄，而是贫穷带来的生存困境，才是父母如此对待于勒叔叔的真实原因。

3. 梳理文本事实，把握事实的意义

分析一个文本，需要在确认文本事实的基础上进一步观察这些事实的意义，分析文本事实之间的关联。以《咏柳》为例，作一个说明。

（1）首先梳理出文本事实。

这个环节必须严格、谨慎，确认信息的真实可靠。

①柳树的形貌："碧玉妆成一树高，万条垂下绿丝绦"。

整体上，柳树如碧玉妆成；局部上，柳丝细密柔软地下垂。

②柳叶的成因："不知细叶谁裁出，二月春风似剪刀"。

细细的柳叶，不知是谁裁剪出来的；想必是二月春风剪裁的结果。

（2）分析前后事实的关联。

串联起前后的事实，分析文本为什么要呈现这些事实。

①由形貌呈现到原因追问。

形貌是可见的、直观的，原因是不可见的、抽象的。文本中存在着一个由具象到抽象的追寻过程。"二月春风"是柔软的、无形的，为什么能够像尖利的、有形的"剪刀"？"不知"和"谁"，暗示着"二月春风"的比喻也只是一个猜测性解释。不可见的"谁"，不可见的手，创生了这一切，暗示着造化的深邃与神奇，有"天何言哉，四时行焉，百物生焉"之意。

②文本事实之间的修辞联系。

"丝绦"、"裁"、"剪刀"之间具有事理的关联。这是成套的、具有连续性的比喻。

这意味着文本在刻意建立起前后的语义关联。隐藏在现象界背后的女红巧妙的剪裁，是构成眼前美景的一个可能的原因。这种隐蔽的力量柔和、无形，然而它像女红剪裁一般巧妙，像"剪刀"一般强硬有力。

由此得出解读的主题结论：通过咏柳，揭示造化无形的塑造自然的力量。分析至此不难看出，"谁"，才是文本最核心的解读点。

二、方法运用举例：莫言《狼》

1. 文本原文呈现

狼

那匹狼偷拍了我家那头肥猪的照片。我知道它会拿到桥头的照相馆去冲印，就提前去了那里，躲在门后等待着。我家的狗也跟着我，蹲在我的身旁。上午十点来钟，狼来了。它变成了一个白脸的中年男子，穿着一套洗得发了白的蓝色咔叽布中山服，衣袖上还沾着一些粉笔末子，像是一个中学里的数学老师。我知道它是狼。它俯身在柜台前，从怀里摸出胶卷，刚要递给营业员。我的狗冲上去，对准它的屁股咬了一口。它大叫一声，声音很凄厉。它的尾巴在裤子里边膨胀开来，但随即就平复了。我于是知道它已经道行很深，能够在瞬间稳住心神。我的狗松开口就跑了。我一个箭步冲上去将胶卷夺了过来。柜台后的营业员打抱不平地说："你这个人，怎么这样霸道？"我大声说："它是狼！"它装出一副可怜巴巴的样子，无声地苦笑着。营业员大声喊叫着："把胶卷还给人家！"但是它已经转身往门口走去。等我追到门口时，大街上空空荡荡，连一个人影也没有，只有一只麻雀在啄着一摊热腾腾的马粪。

等我回到家里时，那头肥猪已经被狼开了膛。我的狗，受了重伤，蹲在墙角舔舐伤口。

2. 文本事实及其解释

（1）梳理文本事实。

严格根据文本信息，可以通过三个问题来确认文本中的基本事实。

①狼为什么要"偷拍"我的肥猪？

没有证据能够证明，"偷拍"是为吃掉"我"的猪而做的准备。这是因为既然有能够"偷拍"的机会，也就存在直接吃掉肥猪的机会。吃肥猪，并不需要以事先偷拍为前提。

②在狼最终做出损害"我"的行动之前，它做了实际损害我的事情吗？

没有。狼在故事的进程中（最后杀猪伤狗之前），一直没有对"我"的利益有实质性损害。换句话说，"我"并未蒙受实质性损失。

③营业员是不明真相的吗？

不完全是。营业员不知这位顾客是狼，仅就这一点而言，是不明真相的。但是，营业员当时所能看到的情形是："我"的狗咬了一位冲印相片的顾客，"我"冲过去抢夺了这位顾客的胶卷，而这位外表像中学数学教师的顾客，并未有任何伤害"我"的举动。从营业员的角度观察，"霸道"的、不讲道理的人是"我"。

（2）分析事实脉络，厘清事实关联。

基于上述文本事实，对这个故事做进一步的分析：

① "狼"为什么要"偷拍""我家那头肥猪"？

如果只是要吃猪肉，那么狼跑来"偷拍"，不如直接"偷吃"。所以，狼的"偷拍"，最多表示它有吃猪肉的欲望而已。对于别人所拥有的金钱、美女，我们常常是羡慕的，有时候甚至不免有几分非分之想。这是人之常情，不是罪过。"偷拍"肥猪，是为了得到照片，进而通过欣赏照片来安抚自己的欲望而已（这可以解释狼为何要去冲印照片）。只是"偷拍"，说明狼还是顾及社会规则或社会道德的压力的。

狼对肥猪感兴趣，它有吃肥猪的欲望。任何人都有欲望，这是正常的。对人家的肥猪涌起欲望，是私心杂念，但这并不等于实际的犯罪行为，甚至谈不上有违道德（未发生不道德行为）。以欲望入罪，比以言论入罪，更加荒谬。

② 没有证据能证明狼的"偷拍"是故意引"我"去照相馆的调虎离山之计；"我"是带着狗主动提前埋伏在照相馆的。"我"对狼保持了高度的警觉，准备对付狼。

狼在冲印照片的过程中，不存在伤害"我"和"我"的肥猪的实际举动。但是，"我"的狗却实实在在咬了狼的屁股，"我"也夺过来狼的胶卷。营业员谴责"我""霸道"，就当时的实际情形来看，这完全是正确的。

"我"指出"它是狼"，这当然是正确的，但狼并未反驳（尽管它可以反驳，因为那时它的形象是"一个白脸的中年男子"），只是"一副可怜巴巴的样子，无声地苦笑着"。（至于狼"装出"，那不过是从"我"的视角形成的看法罢了。）

③"我"的狗咬了狼的屁股，"我"没有把本来属于狼的胶卷归还给狼，这两项对狼的利益构成了实质性损害。因此，狼迅速跑到"我"家里害死了猪，并且重伤了那只咬过它的狗，是狼的报复性行动。

④综观故事进程，在结尾之前，狼并未对"我"构成实质性伤害，而"我"却伤害了狼。"我"伤害狼在先，狼报复"我"在后。

于是可以这样总结：要容忍他人有欲望，不要伤害那些可能伤害你的人，否则，那些本来不一定会伤害你的人，就可能变成你的敌人。

3. 基于文本事实的主题结论

本篇的主旨可以这样表述：（自以为是的）提防和斗争，常常产生严重的后果。所以，哪怕是对我们自以为的坏人（狼），也要有宽容心。

有的人在主观上被我们视为"坏人"，但一个潜在的"坏人"在做出实际的坏事之前，他是不能被定义为坏人的。正是由于我们对他们的提防和伤害，促使他们最后真的成了坏人。

敌人和坏人，往往是被我们自己塑造或创造出来的。

第三节　语义关联性分析：文本内部的语义响应

一、方法解说

文本是有边界的，边界内部的各种语义信息，必须存在响应关系或关联性。这种响应关系或关联性，是文本结构的基础，保证了文本内容和形式上的统一。

1. 注意语句之间的逻辑关联

任何文本的编织，总有其逻辑性。这种逻辑性首先表现在语句的连贯性方面。除了特定的叙述性文本中模拟疯子的疯言疯语，一般的正常表达都不会颠三倒四。

观察文本语句的逻辑连贯性，展开对文本的细读深思，是研究文本词句的重要方法。

在下面这个例子中，杨伯峻《论语译注》译文的连贯性是有缺失的。

> 子曰："视其所以①，观其所由②，察其所安③。人焉廋哉④? 人焉廋哉?"
>
> 【译文】孔子说："考查一个人所结交的朋友；观察他为达到一定目的所采用的方式方法；了解他的心情，安于什么，不安于什么。那么，

这个人怎样隐藏得住呢？这个人怎样隐藏得住呢？"

【注释】①所以："以"字可以当"用"讲，也可以当"与"讲。如果解释为"用"，便和下句"所由"的意思重复，因此我把它解释为"与"。有人说"以犹为也"。"视其所以"即《大戴礼·文王官人篇》的"考其所为"，也通。②所由："由"，"由此行"的意思。"所由"是指所从由的道路。③所安："安"就是《阳货篇第十七》孔子对宰予说的"女安，则为之"的"安"。④人焉廋哉：焉，何处；廋，音 sōu，隐藏、藏匿。这句话机械地翻译，便是："这个人到哪里去隐藏呢。"

对译文的观察：

原文"视其所以，观其所由，察其所安"是一组排比句，结构严谨，非常顺达。相比之下，译文却显得有点杂乱。这说明译文可能存在改进余地。

对注释的观察：

"以"的解释是个很大的疑点。把"以"解释为"与"，然后根据"与"的意思，解释为"结交"，给人的感觉是太绕了。

"以"前面有"所"字，因此它是动词。下面两种都可以构成合理的注释：

（1）"以"作为动词最基本的意思，就是"用，使用"，在此基础上，可引申为"依据"。"所以"，可被解释为"使用的观念，依据的原则"。

（2）"以"作动词的常见义项，还有"认为"等。"所以"就是"所认为的"，亦即"所持的观念（原则）"。

假如我们注意到"视其所以"、"观其所由"、"察其所安"三者之间的逻辑连贯性，上述两种解释都不矛盾。这一段话，讲的是观察人的方法："视其所以"是观察行事者的观念，观念是一个人做事的出发点；"观其所由"是观察行事者的过程，过程能看出一个人做事的方式；"察其所安"是观察行事者对事情结果的态度是否满意（出现某种结果时，观察他的心安于什么）。

所以，这句话可以这样翻译：

孔子说："观察一个人做事所依据的原则（或基本观点、出发点），观察他做事所遵循的路径（过程），观察他的心所安顿的地方（对结果的态度），那么，人们还能隐瞒什么呢？人们还能隐瞒什么呢？"

孔子阐述的是观察一个人的方法。要真实地了解一个人，就必须观察他的行事。孔子提供的方法，主要是确保观察的完整性。从做事之前的原则动机到做事的整个过程所使用的方法手段，到做事之后他对结果抱有的心态，每一环都要观察到。

《论语》原文，也部分地存在连贯性缺失的问题，研读的时候，也值得注意。

子曰："君子不重，则不威；学则不固。主忠信。无友不如己者。过，则勿惮改。"

【译文】孔子说："君子，如果不庄重，就没有威严；即使读书，所学的也不会巩固。要以忠和信两种道德为主。不要跟不如自己的人交朋友。有了过错，就不要怕改正。"

依据表达的逻辑连贯性来看，这段文字很容易引起我们的注意。

首先，我们可以注意到，孔子的这段话谈了很多意思。各个句子之间，意思缺乏连贯性。他谈到了君子要庄重，谈到了学习，谈到了忠信，谈到了交友，谈到了修正错误。这一串意思，由一个"子曰"统领，显得很奇怪。

显然，孔子这段话，不可能是针对某一特定问题的回答。那么，这是孔子在集中讲述他的观念吗？如果是这样，为什么连"仁"、"礼"这样的核心观念都未提及？

这一串句子为什么混杂而没有连贯性？考虑到《论语》是孔子的后学编纂的事实，我们可以推测，这应该是《论语》编纂过程中出现的失误——孔子的后学们聚集在一起编辑孔子的语录，大家纷纷回忆孔子生前的教诲，你一句"君子不重，则不威"，我一句"学则不固"，他一句"无友不如己者"，这些都被记录者记下来，整理的时候不够细致，这些话就这样连在一起了。这是最大的可能性。

其次，根据逻辑连贯性原则，"君子不重，则不威；学则不固"，也很奇怪。一个君子不庄重，他的学习怎么就不会巩固了呢？为人庄重与学习巩固之间，有什么逻辑联系呢？"君子不重，则不威"和"学则不固"，应该是两句话。第一句，《论语译注》的译文是对的；第二句的意思应该是："学习不能固执己见（亦即要有灵活性）"。这里的"固"，与"子绝四：毋意，毋必，毋固，毋我"中的"固"是一样的。

杜甫的《绝句》："迟日江山丽，春风花鸟香。泥融飞燕子，沙暖睡鸳鸯。"因为"迟日"，方见江山之"丽"；因吹"春风"，才知花鸟之"香"；因为"泥融"，燕子来衔泥垒巢；因为"沙暖"，鸳鸯就舒适安睡。各个诗句内部存在着因果联系，而这种联系，揭示出大自然中无所不在的和谐与逻辑，这恰恰是本诗立意所在，也是解读这一诗歌文本的关键所在。

2. 观察并分析文本内的语义响应

在自然的阅读过程中，面对一个文本，我们只能逐句理解它。理解文本时，我们总会假定连续出现的语句在语义上和逻辑上存在某种关联；总是在寻找一种能将不断摄入的信息联系起来的结构。文本总是逐句地进行表达，解读者会自动从中寻找某种共同点或差异点，将文本的语义进行归类组合，以便了解整个文本的意义。

实际上，文本中的语句之间总是会形成相互响应的关系。每一个语句都不是孤立的，它们之间的响应，构成了文本中的语境。

通过语句之间的响应关系，能够发现文本意义的流动。意义的流动，在文本的局部显示为语句之间的意义连接关系；在文本的宏观结构层面上，意义流动的路线，就是思路。

语句之间的响应关系包括两类方式：正响应和逆响应。文本表意有重点，所以语句之间的响应方式主要是正响应的。最极端的例子是屈原《离骚》中存在着的大量近似语义的一再重复，"一篇之中三致志焉"。

语句之间的响应关系，本质上是一种组合关系，也就是结构关系。这是一种微观的结构关系。类似地，文本中的各个意义单元之间，也存在着类似的响应关系；这种响应关系，实际上就是文本的宏观意义结构。

表1　响应关系类别

正响应	相似性关系：是指上下文的内容和句意相近或相似，包括并列、对称、总分等关系
	毗邻性关系：是指上下文的内容和句意不同但相关，存在着语义的发展，包括承接、递进、铺垫等关系
	补足性关系：是指下文的内容和句意不同于前文，对前文内容有补充作用
逆响应	反向性关系：是指上下文的内容和句意存在着背离，甚至是相反，包括转折、反衬、对比等关系

为了说明文本中的响应关系，下面例举卡夫卡的一个短文来分析。为了便于说明，文本中具有明显的表意功能的语句都标上了序号。

小寓言

"哎，"老鼠说，"①这世界变得一天窄似一天。②当初它是那样辽阔，辽阔得我都害怕了，③我跑呀跑呀，我真高兴，我终于看到远处左左右右出现了一道道墙，④可这些长长的墙以极快的速度靠拢过来，我已到达最后一间房子，角落里有个陷阱，我跑了进去。"——⑤"你得改变奔跑的方向。"猫说，⑥伸出爪子抓住了它。

句意的分析：
①世界正在变窄。

②老鼠（"我"）对世界辽阔感到害怕。

③老鼠奔跑，为世界变窄感到高兴。

④狭小的世界缩小成为陷阱。

⑤猫的反讽性提示：改变奔跑方向，是可能获救的办法。

⑥猫抓住了陷于困境的老鼠。

至此可以发现如下响应关系：

②是③的原因。（说明为何要奔跑和高兴。）

③④是对①的原因的说明。（说明世界为何变窄。）

④是③的发展。（世界越来越窄，直到成为陷阱。）

⑤与①—④构成相反的关系。（改变方向，朝辽阔的世界奔跑。）

⑥是①—④的结果。

至此可以逐步梳理句意，推出主题：

人对辽阔的世界会有恐惧，因为这容易失去把握，失去安全感。于是人们设法寻求一个有边界的世界。狭小的世界会导致生存空间的压缩，最终会走入绝境。"改变奔跑的方向"的结果是：即使逃脱了死亡的命运，但又只能是退回到原来的世界。

综合以上的内容可知：生存空间过于辽阔，让人失去把握；生存空间过于狭小，又让人陷入绝境。所以整个故事的主题是：揭示生存的两难困境。

类似地，文本中的各个意义单元之间，也存在着类似的响应关系。下面举卡夫卡的《普罗米修斯》为例来分析。为了便于说明，给每个自然段标上序号：

普罗米修斯

①关于普罗米修斯有四种传说。

②根据第一种传说的说法，由于他为了人类背叛众神，被牢牢锁在高加索山上，神还派出兀鹰，啄食他那不断再生的肝脏。

③根据第二种传说的说法，面对不断啄食的鹰喙，普罗米修斯痛不可忍，越来越深地避入岩石，最后没入其间。

④根据第三种传说的说法，随着时光流逝，他的叛逆行为已被遗忘，几千年过去后，神忘了，兀鹰忘了，连他自己也忘了。

⑤根据第四种传说的说法，不知什么缘故，大家都产生了厌倦，神厌倦了，兀鹰厌倦了，连普罗米修斯的伤口也因不断愈合而感到疲惫。

⑥依旧存在的是那座无法解释的石山。传说总想对这无法解释的作出解释。传说是在真实的基础上产生的，所以必定也以无法解释告终。

响应关系分析：

②—⑤构成并列的正响应关系，这几段都是传说的不同说法。

①与②—⑤构成概括的正响应关系，①统领了②—⑤的内容。

①—⑤构成一个意义单元。主要的意义是叙述传说内容。

⑥与①—⑤构成递进或铺垫的正响应关系：⑥是对①—⑤传说内容的递推一步的议论；相对地，①—⑤是为⑥的议论所作的铺垫。

⑥独立构成一个意义单元。主要的意义是：传说无法解释高加索山的存在。

结构和主题：

由于后者是在前者基础之上的递进性分析，所以两个意义单元之间，意义的重心落在了后者之上。

这个结构决定了这一文本的主题必须从最后一段提取。最后一段，亦即第二个意义单元的主要意义，概括起来就是：人类对真实存在有执著的解释欲望，但任何解释都只能是言不及义的。因为真实的存在，不可解释。

二、方法运用举例：王维《使至塞上》

1. 文本解析视角

古典诗歌的语言形式相当凝练，因而其解读必须高度精细化。

一般说来，古诗文本的解读，需要把握意象的表达功能，需要仔细梳理文本内部的语义响应关系。这两项也是解析《使至塞上》这首诗的基本视角。

2. 对语义关联性的观察和分析

本诗甚短，列出文本再给出解释：

使至塞上

单车欲问边，属国过居延。征蓬出汉塞，归雁入胡天。

大漠孤烟直，长河落日圆。萧关逢候骑，都护在燕然。

（1）前两联的语义关联性分析。

分析一首诗，所遵循的原则是"词不离句，句不离篇"。具体地说，不能孤立地对某一词语、某一句子作出解释，必须着眼于各个语义单元之间的关联。必须串联起词句，求得一个圆融无碍的理解。这样的理解才是准确的。

意象的理解也是如此。意象的理解并不是孤立的。孤立地确定某一意象的意涵是有风险的。在诗歌文本中，着眼于意象与意象之间的关联，然后寻求合理的阐释，是正确的做法。

①"单车"与"征蓬"的语义响应。

"单车"。"单车"的意思是一辆车。作为朝廷使者，只有单车，缺少随从。有寂寞、孤单的含义。

"征蓬"。征蓬就是枯后根断、随风飞起的蓬草。在中国文学传统中，"飞蓬"有野外飘零、身不由己的象征意义。本诗中的"征蓬"是指出使塞外的自己。

"单车"与"征蓬"，存在着语义的响应。这种响应，暗含着抒情主体孤单、飘零的悲感。

②"征"—"归"与"出"—"入"的语义响应。

"征蓬出汉塞，归雁入胡天。""征"是出发的意思，"归"是回去的意思，二者是反义词，语义上构成反向的呼应关系。"出"与"入"是明显的反义词，不用多言。

"征蓬出汉塞"和"归雁入胡天"，则构成了句子之间的反义关系。人如"征蓬"，出于汉塞，离开故土越来越远；而雁"入胡天"，是回归故地，距离它的故土越来越近。

其实，自己出临汉塞，归雁进入胡天，都是在往塞外胡地走，二者的方向是一致的。但诗句的反义呼应，使得人与雁形成强烈的对比。自然界中的飞鸟在回归故地，而自己却离故土越来越远。通过这个对比，突出了远离故土的冷落心境，强化了飘零无归的内心感受。

③前两联的连贯观察。

根据上述分析，结论很清晰：前两联是写自己出使到塞上时寂寞孤单、飘零无归的感受。

（2）景物描写：颈联与前两联的串联。

"大漠孤烟直，长河落日圆。"此联是写景，属于名句。

《红楼梦》中香菱说："想来烟如何直？日自然是圆的。这'直'字似无理，'圆'字似太俗。合上书一想，倒像是见了这景的。若说再找两个字换这两个，竟再找不出两个字来。"

为什么香菱会有"倒像是见了这景的"感觉？因为本联的视觉感很强。

"大漠"勾勒了一个宏大的平面，直上的"孤烟"构成一个垂直于平面的直线；"长河"呈现出线形，"落日"呈现出圆形——画面中有平面、有直线、有圆，景物以近于几何图形的带着抽象意味的方式呈现，简单明了，毫不繁杂，给人的视觉冲击力更强更有力。

那么此联与前两联怎么在语义上贯通呢？

前面两联，表现的是出使到塞上时寂寞孤单、飘零无归的感受。"大漠孤烟直，长河落日圆"一联的情感内涵，要么与此相反，形成情感的变化转折；要么与此近似，进一步借景物来表现自己的心境。

首先，观察"大漠孤烟直，长河落日圆"一联中的用字，"孤"、"落"，都透露出一种单调、苍茫、感伤的情调。这与前两联所表现的感受是一致的。

其次，本联写景，虽然阔大，但并不雄劲，其基调是苍凉的。从写景的手法上来看，以类似几何方式呈现图形，不止强化了视觉冲击，也凸显了景象的单调空旷。水平方向和垂直方向的展开，拉大了空间开阔感；景物主体"孤烟落日"均属远景，拉大了自然与自己的距离，暗示了人的孤单无依。

如此则可以看到，本联写景，意在突出隐含在字面下的意思：在如此苍凉、单调、辽阔的空间中，不知自己何处落足。这与前两联显然存在着意义的响应。

（3）尾联意思与前文的关联性。

前面三联，在意义表达上既已取得一致，这意味着文本主体意思大致可以确定。虽然不能绝对排除尾联来个意义大逆转的可能，但出现这种情形的概率较低。即使出现了这种情形，尾联也必须与上文取得意义关联——尽管是反向的语义关联。

"萧关逢候骑，都护在燕然。"候骑，是指负责侦察、通讯的骑兵。这不是自己出使的对象；代表朝廷去塞外联系的对象，应该是都护。而"都护在燕然"，意味着自己作为使者，尚未到达目的地，还需要继续往塞外走。

这就表示，此时看到的"大漠孤烟直，长河落日圆"的苍茫景象，还不是此行的终点，自己还必须继续往塞外走。这样的结果，就是离故土越来越远。孤单尚未结束，荒凉的景象尚未结束，飘零无归的感受还将持续。如此，就与前面几联取得了表意上的联系。

有种说法是："尾联两句虚写战争已取得胜利，流露出对都护的赞叹。"这是错误的理解，因为不能解释尾联与前文的语义联结关系。

（4）语义关联性与本诗的艺术特征。

如果单看"大漠孤烟直，长河落日圆"一联，认为其写景极妙，固然是不错的。但若只见写景之准确高明，而不见其达情之曲折隐晦，是严重不妥的。而又有人说此联写景"雄浑壮阔、雄奇瑰丽、富于气势"，更属毫无眼光，误解诗意，不值一驳。

如果整体观察此诗的艺术特色，则在"含蓄"二字。全诗无一字直说自己孤单，无一字直说自己飘零，无一字直说自己感伤，而其心情，全在于此。所谓"怨而不怒，哀而不伤"的中和调适的审美境界，很多时候都是依赖于"含蓄"的表达风格的。本诗可谓是一个典范。

这种艺术特征的分析，实际上基于对诗歌文本的准确解读。而这一解读的基础，则是对文本内语义关联性的关注与把握。

第四节　"猜想—分析—印证"：从推测到断定

一、方法解说

这种方法也可以说是解读文本主题的一般思维流程，因此本节只作简单介绍。

对于一个陌生的文本，在自然的阅读理解过程中，我们需要经历辨识信息、发现信息的关联性、筛选信息、整合信息的思维过程。在理解完成之前，文本是含意未明的，此时对文本的理解，实际上是推测性的。阅读过程中，我们往往会根据文本信息作出对主题的预测或预判，随着对文本信息的进一步摄入而不断印证或调整，最终获得一个圆融的主题结论。

为了求得对文本主题的准确理解，阅读者一般需要经历两个环节：

1. 推测

在阅读的过程中，我们会首先基于文本信息，对文本究竟企图表达什么进行猜测，形成一个推测性的主题结论。

这时候的推测性结论，是阅读者根据捕捉到的文本语义信息作出的预设，不见得是完整的，也不见得是准确的。这就需要进一步分析验证。

2. 验证

（1）印证：如果此前的推测性结论能够统合文本内信息，根据这一结论能够圆融地、无矛盾地解释整个文本，那么可以断定，这一推测性的主题结论已被证明是合理有效的，它就是文本的主题。

（2）调整：如果此前的推测性结论不能统合文本内信息，不能对文本中所有的意义单元都作出合理有效的解释，那么，此前的推测性结论，需要修正和调整。

修正和调整，意味着再度出现一个推测性的主题结论。这一结论需要重新经历上述过程，直到它被最终印证为止。

通过上述步骤得出的最后的结论，必须能够面对任何反驳。只要文本中的某部分信息，能够构成推翻这一结论的证据，那么该结论就是可疑的或无效的。

二、方法运用举例：梁实秋《鸟》

1. 作出主题推测

文本第一段赫然提出："我爱鸟。"初读文本，感觉到文中有不少"爱鸟"的信息，于是推测或预估"我爱鸟"是文本主题，即表现爱鸟之情。

进一步分析文本，进行验证，将会发现这一推测性主题遇到以下障碍：

（1）第5—6段，内容并不能被概括为"爱鸟"。

（2）"爱鸟"的表述是浮泛的，它不能切中本文中对鸟的爱的具体特征。从理论上讲，对鸟表达喜爱的文本可以大量存在，但不能无视差异地以"爱鸟"来概括这些文本的主题。这个道理，正如不能简单地以"爱儿子"来概括朱自清《背影》的主题一样。

（3）文本中存在不少关于人类的语义信息，并非仅仅写鸟，更非仅仅写对鸟的爱。

2. 调整主题推测

下面描述调整的内容、步骤与原因。

（1）"爱"的语义。

第 1 段中提出"我爱鸟"。第 2 段中，"爱"字消失，取而代之的说法是"感觉兴味"。这意味着，"爱"与"感觉兴味"可能表示同样或近似的语义。

第 3 段中，出现的相关语词是"欣赏"。第 3—4 段，主要内容也是对鸟的声音和形态的欣赏。

第 5 段中，出现了这样一句话："我爱鸟的声音鸟的形体，这爱好是很单纯的"，在这句话中，"爱"与"爱好"的语义是相等的。至此，文本中再也没有了"爱"或相关词汇。

很显然，在文本的话语系统中，"爱" = "爱好" = "欣赏"。

"我爱鸟"，相当于是"我欣赏鸟"。

但"欣赏"仍然是空洞的，无法准确地描述主题。这里涉及至少两个问题：第一，欣赏什么；第二，怎样欣赏。

（2）"欣赏"什么。

"欣赏"什么？不就是欣赏鸟吗？

这种回答无视了文本内容的特点。很明显，文本 3—4 段，写的主要是鸟儿所带来的令人喜悦的部分；6—7 段，写的则是鸟儿所带来的令人悲苦的部分。这两部分所表现的鸟儿，其生命状态是不同的。

因此，"欣赏鸟"这种说法，可以被暂时置换为"欣赏鸟儿不同生命状态所带来的悲喜"。

（3）怎样"欣赏"。

①欣赏：单纯地领受生命的自然情态，不存幻想。

第 5 段是一个梗塞处。

本段说"我爱鸟的声音鸟的形体，这爱好是很单纯的，我对鸟并不存任何幻想"，意思是"欣赏"是对鸟的生命状态的直接的心领神会，而不是借着附加在鸟身上的、与鸟本身无关的东西进行幻想。杜鹃作为鸟，本身其实是与"杜宇"、"望帝"无关的。济慈的"夜莺"、雪莱的"云雀"，都是与鸟无关的诗人自我的幻想。中国的"杜宇"、"望帝"，是一种集体的文化幻想；济慈的"夜莺"、雪莱的"云雀"，是一种个人自我的幻想。而这两种，都不是基于鸟类自身生命情态的。

②欣赏：要尊重自然中生命的自然的情态。

第3段也提及杜鹃。"一直等到夜晚，才又听到杜鹃叫，由远叫到近，由近叫到远，一声急似一声，竟是凄绝的哀乐。客夜闻此，说不出的酸楚！"此处的"酸楚"，是由杜鹃声直接引发的情感的感应，故与第5段并不矛盾。

③欣赏：要有温情，不要人力压迫自然的生命。

第2段、第6—7段，都可看出欣赏者的悲悯情怀。

第6段：哈代诗中，圣诞前夕，炉里熊熊的火，满室生春，筵席丰盛，准备普天同庆，而一只鸟冻饿而死，引发诗人悲悯；"我"在东北，见一麻雀啄食枯叶，其毛如蓑衣，而想到垃圾堆上的大群褴褛而臃肿的人，令人哀伤。这是表现欣赏者对生命的温情。

有对生命的温情，所以就有文本首尾对囚鸟的关切。"提笼架鸟"，生活似乎十分的"优待"，但是它苦闷，"我不忍看"，因为被囚禁的鸟失去了生命的自由，也就失去了自然的生命情态。

没有温情，就没有欣赏，就只有占有和破坏。这与"好色而不淫"之理也是相通的。欣赏必须尊重自然的生命情态，压迫、占有是对生命的摧残，而不是欣赏。

第3段中，对这层意思有一个微弱的语义响应："市声鼎沸，鸟就沉默了，不知到哪里去了。"人类的声音对鸟类的声音，构成了排挤。

3. 整合分析，得出主题

本文借对鸟的欣赏，表明这样的观点：要怀着温情欣赏自然生命，单纯地领受生命的自然情态所带来的悲喜，不要人为地幻想，更不要人力的压迫。

上述主题结论，依据"猜想—分析—印证"的环节逐步得出，能够形成覆盖整个文本的有效解释。

4. 对若干主题理解合理性的辨析

梁实秋的《鸟》，描写对象是鸟，但所谈及者看似甚为散漫。作为一篇散文，透过对其"形"的表意分析进而把握其"神"，是文本分析的重点。

主题必须立足于材料，"神"必待于"形"来传达。关于鸟，关于人，本文的材料甚多，主题提炼颇为不易。如何有效聚合这些材料来确定主题，是基本的分析视角。

下面对本文主题的几种概括都是有缺陷的，其聚合度明显不足。如果根据本节的方法，把这些主题理解作为推测性主题，使其回归文本，则会遭遇诠释的扞格。

（1）"凝聚着对鸟的虔诚深爱之情，是梁实秋先生散文《鸟》一文的基本内容和感情意蕴，也是其动人的根本所在。梁先生一开篇就以'我爱鸟'揭示出文章的旨义，并以此为中心展开、贯通全文。"（《名作欣赏》1994 年第 03 期）

这是表浅的理解，未能揭示出文本真正的要旨。

（2）《鸟》是梁实秋"知性散文"的典范。作者"爱"鸟，"爱"的是鸟的自然形态，而"悲"鸟的失去自在自为，这已经超越了鸟本身。作者甚至对违背自然形态的关于鸟的典故产生质疑，更显示出作者对日常生活和社会现象情伪的透辟洞察。尤其是由"悲"鸟到"悲"人的人生体味，更给了人

们深深的启迪。(《名作欣赏》2011年32期)

这是杂乱的，不聚焦的"概括"。究竟是什么"深深的启迪"，也未能指明。

（3）文本的"逻辑线索"是"自由之魅—生命之美—存在之思"，"而逻辑线索，正是这一文本的多重内涵"。(摘自某语文名师博客)

割裂文本，忽视文本的整体性和文本内部的一致性，这常常是"多元解读"或"多重内涵"的最终原因。

第五节　定量与定性的结合：分析的可靠性

一、方法解说

对文本进行定量与定性，把定量与定性结合起来解读文本，是普适的且明确的方法。因为它明确，所以具有可操作性。

定量，是指观察或计算文本中相关信息（意义）出现的频率。

定性，是指对语义信息进行分析并最终确定，对文本中各意义单元之间的意义关联（信息的结构）进行判断和推理性分析。

文本解读中引入定量的做法，可以使解读更加可靠和"科学"。定量可以防止解读时偏向于仅仅选择支持自己观点的信息或材料。以偏概全、误解文意，在很多时候是由于没有定量意识而导致的。

1.寻求语义信息的量化

我们常常认为，文学类文本的阅读，感觉是重要的，文本中的逻辑往往比较模糊，意思比较含混，很难像自然学科中那样精确地量化。于是很多时候，一个文本，说不懂，好像又懂了；似乎是懂了，却又懂得模模糊糊。就像鲁迅《祝福》中的那一句："'说不清'是句极有用的话。"

其实文本中的语义信息，是可以被统计的；文本的意义，往往能够在语义识别的基础上通过量化来加以评估。这个方法很实在，一点也不玄。比方说，我们读《祝福》，很快就能判断祥林嫂是小说中最主要的形象。为什么？原因很简单：不需要十分精确的统计就能大致看出，这篇小说用于描写祥林嫂的文字的数量，占据了压倒性优势。

这样说，似乎过于简单。又比如说，鲁迅的《记念刘和珍君》这篇散文中，如果做一个关于表达方式的统计，就会发现议论性文字明显多于叙述性文字。做这个统计非常重要，至少从信息数量上就能看出：

（1）该文本的主要意图，不在于叙述而在于评论刘和珍等人的死难事件，旨在阐发这个事件的意义。

（2）文本中关于刘和珍事迹的事实材料（叙述）如此少，而主要依靠议论来使文本形成可观的长度，可见文本作者是善于议论的文章高手。

（3）议论的数量优势，直观地说明了该文本的作者是一个善于思考的人，议论是他所擅长的表达方式（这个文本能显示鲁迅作为思想者的部分特点）。

应该说，这些结论都是很有价值的。而且，由于它们能够从文本中得到具体明确的统计数据的支持，那么我们就更有理由说，这样的分析具备某种"科学性"——科学性的特征之一就是可以被量化。

这样说，或许还是过于简单。定量的方法，本来就很简单。但在实际的文本解读中，我们非常缺乏这种定量分析的意识。缺乏这样的意识，恰好是文本解读含含混混，甚至不得要领的原因。

一个文本中，主题或主旨一定会被刻意凸显。所以凡是与主旨相关的语义信息，必然会在数量上占据绝对的优势。由于文本内部的逻辑性和统一性，凡是看似与主旨无关的信息，必然是在为主旨作铺垫，或者从别的角度映衬、对比主旨，而且通常在数量上不会占有优势。这是一个普遍的现象。

以鲁迅的小说《药》为例，只需要简单地统计，甚至简单地观察就能看出，这个文本在信息的数量上，对民众的描写完全压倒了对英雄的描写。据此基本可以断定，文本主题指向的是对中国普通民众愚昧、麻木的精神状态和生存状态的表达。这也就能合理地解释为什么英雄人物夏瑜被置于暗线之中——因为只有这样才能压缩对英雄的叙述，使民众需要被医治然而又几乎无法医治的主题得以凸显。

这种现象及其原因，可以这样简要表述：

如果文本主题被视为一个中心值，那么，文本中各个信息的意义指向，会趋向这一中心值；各个相对独立的意义单元的统计数据，会在数量上占据优势。只有这样，文本才能在表意上具有一个总体的趋势，文本的主旨才有成立的可能。

2. 定量与定性的结合

定量的方法不是孤立地被使用的，要与定性相结合。事实上，定量的基础是定性。定性确定性质和含义，定量确定数量和规模。

例如，确定主题词（句），常常是文本解读与阅读教学中的一个任务。如何做才能更科学合理？一个文本中，可能存在主题词，也可能没有主题词。在存在主题词的情况下，就可以使用这种定量与定性结合的方法。

判定主题词，一般可以采用先假设后检验的步骤。在初读文本之后，通过初步的定性分析，就可能大致指认出一个或几个主题词。这时的主题词未必是真正的主题词，只是一种假设。假设之后，需要验证。整个过程大概包括三个环节：

（1）根据初读文本时获得的语义信息，对主题词作出某种假设（定性为主）。

（2）根据词频、词语直径、词语位置、词语分布等，评估主题词权重，判断假设的可靠性，作出初步的确定（定量与定性的结合）。

①词频是指词语重现的频率，词频越高，被确定为主题词的可能性越大。

②词语直径是指词语（包括它的近义词，下同）在文本中首次出现的位置和末次出现的位置之间的距离，如果某个词语在文本开头处出现而结尾再次出现，那么它就可能非常重要。

③段落首句与末句在语段中的表意权重通常较高，这是思维完整性的要求使然，一个完整的思维程序，要求首尾圆合。

④词语分布是指在文本中多次出现的词语的分布情况，如果一个词在整个文本中分布均匀，通常就是重要的词语。

（3）统计初步确定的主题词（含语义相近的词和短语）在文本中分布的数量，确定其显著性水平；根据显著性水平，得出判定结论（定量为主）。

文本解读之时，定量方法的介入，具有特别重要的意义。定量与定性，在解读中常常是相互补充的，二者不可偏废。

定量与定性，二者在文本解读中的区分见下表：

表2　定量与定性在文本解读中的区别

	定　量	定　性
功　能	统计信息数据，辨别主次关系	理解文句语义，分析文本意义
策　略	统计、归纳、验证（数据比较是基本手段）	理解、分析、概括（语义分析是基本手段）
特　点	数量的统计	意义的阐释

二、方法运用举例：林逋《山园小梅》

定量与定性结合在一起，对文本解读究竟有哪些好处？下面通过分析林逋的名作《山园小梅》，进行简单的说明。

山园小梅

众芳摇落独暄妍，占尽风情向小园。

疏影横斜水清浅，暗香浮动月黄昏。

霜禽欲下先偷眼，粉蝶如知合断魂。

幸有微吟可相狎，不须檀板共金樽。

（1）定量能获得非干扰性的统计数据，可以抑制甚至排除解读的主观性。

从定量的角度看这首诗的景物描写，语义上直接指向梅的，有"（梅）独暄妍"、"（梅）占尽风情向小园"、"（梅）疏影横斜"、"（梅）暗香浮动"、"可相（'相'此处称代梅）狎"共5处。别的景物包括"众芳（百花）"、"水"、"月"、"霜禽"、"粉蝶"各1处（"小园"是地点，不算景物）。"檀板"代指音乐，"金樽"代指酒，不属于描写。从数量关系即可看出，梅是着墨最多的描写对象，具有信息优势，其他的都是次要信息。由于这是对文本信息的客观数据统计，因此是可靠的。

（2）定量能够发现文本的某些特征和问题；而定性的分析，是准确理解文本的基础。

本诗标题是"山园小梅"，梅是主要描写对象。文本中对梅特征的描述，又有怎样的特点呢？

直接描述梅的特征的只有一联两句："疏影横斜水清浅，暗香浮动月黄昏。"一是描述梅枝的"疏"，一是描述梅香的"暗"。根据观察经验，这确实是梅最主要的特征。但律诗有四联八句，只以一联两句来描述梅最主要的特征，仅占全篇的四分之一，给人感觉在数量上严重不足。怎么解释这一点，则需要定性的分析。可能的解释是：

①这个文本是以表达情志为宗旨的，描写仅仅是情志表达的手段。

②这个文本对景物的描写的价值取向，在于传其神，而不在绘其形。

③这个文本中可能还有未被分析出来的对梅的特征的描述，需要继续拓深理解。

进一步分析可知，颈联写得比较含蓄，实际上是在从侧面表现梅的特征。"霜禽欲下先偷眼"，白羽的鸟想要停落会先偷看梅枝，它惊诧于梅这么白，是含蓄地写梅的白；"粉蝶如知合断魂"，春天的粉蝶如果知道冬天的梅花这么香，就一定会为自己与梅无缘而断魂，是曲折地写梅的香。

颔联与颈联都是描写性质的，描写对象都是梅。继续分析，我们会发现首联与尾联其实都是写梅的，只不过不在梅之形，而在梅之神。首联写的是梅的不同凡响，尾联写的是梅的高雅脱俗。

林逋的这一文本，首先是聚焦的，通篇语义信息均指向梅。其次，它是符合古典诗歌形神兼备、以情志为旨归的普遍倾向的。

（3）定量与定性相结合，有助于发现和分析文本结构及艺术特征。

次要信息在文本中是配合主要信息的特殊存在。文本中的次要信息，一定与主要信息存在联系，最终指向主要信息。这是因为文本必然是有机的，存在着一个具有逻辑性的结构。

定性分析，需要对文本中各意义元素及组织结构进行判断和推理性分析。次要信息也是文本意义的表达元素。在林逋的这一文本中，逐一分析文本中次要描写对象与主要对象"梅"之间的联系，可以得到如下表格：

表3　文本中次要描写对象与"梅"的联系

次要元素（对象）	数　量	陈述或描写	定　性（与主要元素的关系）
众芳（百花）	1	摇　落	对比出梅的"暄妍"，"占尽风情"
水	1	清　浅	映衬出梅的枝条的疏朗清雅
月	1	黄　昏	渲染出梅的香味的幽暗朦胧
霜　禽	1	欲下先偷眼	侧面烘托出梅的洁白
粉　蝶	1	如知合断魂	想象表现出梅的美好

由此可见，每一项次要的描写，都是为主要描写对象服务的。其中每一项在数量上都仅有一个，但对于表现主要对象"梅"，都具有各自的辅助性功能，从而使得整个文本的表达姿态更加丰富。在分析次要信息与主要信息发生关系的过程中，文本所使用的各种艺术技巧都浮现了出来。

实际上，如果足够细心还能发现，这些艺术技巧还存在着一定的顺序。"水"、"月"显然是梅所处的现实环境，而"粉蝶"无疑是虚幻的想象，因为蝴蝶不可能出现在梅开放的冬天。有实有虚、从实到虚，技巧上也显现出一种逻辑顺序。这种逻辑推动着诗歌文本最终抵达最后更"虚"更抽象的议论："幸有微吟可相狎，不须檀板共金樽。"

（4）定性分析，是整体把握文本意图的基本路径。

对本诗的文本分析，至此尚未完成。还有最后一联。这一联不是描写句，而是议论句。

"幸有微吟可相狎，不须檀板共金樽。"这里不存在数量关系，需要定性分析来确定意义。

"幸有"与"不须"，形成了一种比较的关系。低声吟诵，可以亲近梅；"檀板"、"金樽"，则不需要（属于多余）。为什么这么说？

"檀板"，指的是音乐。"金樽"，指的是美酒。敲击音乐节拍的"板"，饮酒用的"樽"，前面安置了"檀"与"金"，突出了其华贵的特征。而诗人吟诗只是"微"吟，对比是鲜明的。

"微吟"的语义，指向诗歌；"檀板"与"金樽"，指向音乐与美酒。"幸有"与"不须"，表明取舍的态度：对梅的吟诵，比音乐和酒更能接近（"狎"）梅本身。因此这一联的语义是：诗歌比音乐和美酒更趋近梅的精神；对梅来说，一个地位低微的诗人低声的吟诵，比富贵者的音乐与美酒的享受，更能接近它的风神。

这样我们就发现了这首诗歌文本的主旨。回过头去，还能发现：对梅的"疏影"、"暗香"的特征的捕捉，实际上也与此有关。"疏"、"暗"与尾联的"微"，在语义上存在着幽微的响应。前者突出梅的疏朗清雅与内敛隐逸，后者突出了文本中的抒情主人公远离富贵的逸情雅趣。

第六节 文体要素的结构性关系分析

一、方法解说

1. 对五种表达方式的诠释

文本解读，可根据不同文体的体裁特征，来寻找文本分析的切入口。而要明确文体分类和文体要素，首先需要明确表达方式。

一切文本，都是记录人类的经验、情感与认识的。从表达方式的角度说，这些记录采用了叙述、描写、抒情、议论和说明等五种表达方式。所有文本的表达方式，都不外于这五种。

下面是我对五种表达方式的诠释：

（1）叙述和描写。

叙述指向人类在时间中的经验。所有叙述，都必须存在时间过程。时间是叙述的核心要素。

描写指向人类在空间中的经验。对景物、人物等任何客体的描述，都展现的是空间经验。

由于人类的体验或经验，是在时间与空间两个维度上同时展开的，因此，完整的经验呈现，离不开叙述和描写的配合。叙述和描写常常是相互结合与配合的。

（2）议论和说明。

议论指向人类理性和思想。议论是表现人的想法和思考过程的。

说明指向人类知识。知识纯粹是理性的产物。

由于理性与思想也属于知识领域，因此，议论文可以被认为是说明文的一类，只不过它是以"思想或观念"为说明对象而已。论述过程是在说明"理"，说明过程是在说明"事"。所谓"理事无碍"、"事理圆融"，"理"与"事"本质上是一体的。

（3）抒情。

抒情指向人类情感。但抒情不是孤立的，人的情感总是在某种具体情境中显现的，因此抒情通常依托于别的表达方式。抒情作为表达方式，通常并不独立。

从实际情况来看，依托于景物描写来抒发情感的文本较多。这在写景抒情散文和中国古代诗歌中较为常见。

2. 五种表达方式与文体分类

基于上述思考，我认为，文体的大类可以分为表达经验的、表达事理的、表达情感的三种。对这三种大类的命名和诠释如下：

（1）叙事性文体。

叙事性文体，包括小说、叙事性散文、（文章或写作训练意义上的）记叙文、史传文、戏剧。

所有叙事性文体，都不能排除描写因素。根据前面的分析，事实上叙述是很难与描写割裂的。

即使描写性的内容相当突出，但只要存在时间过程，我们也可以把这样的文本看作是"表现对景观或场景的观看经验"的叙事性文体。

（2）论说性文体。

论说性文体，包括所有议论文和说明文。重在"论"的，就是议论文；重在"说"的，就是说明文。

通常所说的议论文、议论性散文、杂文、说明文，均在此类。

（3）抒情性文体。

包括以抒发情感为核心目标，或以抒情为主要表达方式的文本。抒情性文体的文本，主要是部分诗歌、部分散文（写景抒情散文），以及部分戏剧的片段。

作为表达方式的抒情缺乏独立性，因此纯粹的抒情性文本是罕见的。抒情通常需要以叙事或描写为基础，而以借助写景来抒情比较常见。在写景以抒情言志的散文中，情感的表现通常较为明显。在中国古典诗歌中，对作为空间要素的意象的描写，常常构成抒情的基础。

3. 各种文本的文体要素

一切文本的文体，都涉及一个最基本的层面：主题与材料。主题，就是一个文本的"神"；材料及材料组合的形态，就是一个文本的"形"。可以说，"形－神"是所有文本的基本文体要素。

（1）叙事性文本的文体要素。

叙事性文本中的文体要素是：作为构形基础的叙述与描写；作为文本内核的核心经验与思想情感。

在叙事性文本中，叙述（时间向度上展开的人物行动、故事、情节）与描写（空间向度上展现的人物或事物的特征和状态），构成了这类文体的"形"。文本中所包含的核心经验、思想情感，则构成其"神"。

在散文中，"形－神"的关系、"形"的各个材料之间的结构性关系，是文本分析的基本切入点。在小说中，则可以叙述与描写的内容（"形"）与主题（"神"）关系的探讨为切入点，也可以"三要素"与主题的关系为分析切入点——"三要素"实际上是小说之"形"的一种分类形式。

（2）论说性文本的文体要素。

一般意义的说明文，不存在文本分析障碍，不在讨论之列。

议论性文本中，文体要素包括：作为核心思想的论点，这是议论性文本的"神"；作为材料的论据，以及作为材料组织形态的论述（论据之间的结构性关系，论述层次之间的结构性关系）——这是议论性文本的"形"。

解读议论性文本，分析其论点与论据的关系，是基本切入点。

（3）抒情性文本的文体要素。

抒情性文本，情感显然构成其"神"。而其"形"，则可能有不同的表现形式。从表达方式的角度看，构成情感支持材料的，可以是描写，很少是叙述。在诗歌尤其是古典诗歌中，主要是意象（描写性的）。

在诗歌中，分析"形－神"的关系，基本着力点是分析各个意象与主题情感之间的关联，分析意象组合所形成的结构性关系。

二、方法运用举例：鲁迅《雪》

无论哪种文体的文本，写了什么，为什么写这些，是解读时首先面对的问题。这两个问题，所指向的是对"形"（具体的材料、内容）的追问。一个文本在开始被阅读时，其"神"（主题）是未知的；"神"的提取或理解，是通过对"形"的分析实现的。

鲁迅的《雪》，从"形"的方面说，既写了南方的雪，也写了朔方的雪。为什么要写两种雪，这两种雪之间究竟存在着怎样的关联，是解读时无法回避的问题。为解决这一问题，我们可以从表达方式的角度切入，分析本文的"形"的构成关系。下面是一组简要的分析表：

表4　描写：雪的差异性特征

形体特征：向来没有变过雪花——朔方的雪花	
属性特征	滋润美艳，以自身的滋润相粘结——决不粘连
运动特征	处子，雪罗汉（静）——蓬勃地奋飞；升腾地闪烁（动）
环境特征	色彩丰富的雪野中——太空，凛冽的天宇下
这些差异性说明了什么？	

表5　议论：对雪的差异性评价

对事物特征的概括性评价	滋润美艳——冰冷坚硬灿烂
对事物价值的暗示性定位	青春的消息，极壮健的处子的皮肤——孤独的雪，死掉的雨，雨的精魂
这些差异性说明了什么？有无共性？	

表6　材料的结构：对象的差异性与对象之间的关系

描写对象	雪罗汉——雪花
篇幅比例	南方的雪（较长）——朔方的雪（较短）
事物关系	转折（但是，朔方的雪花……）：以暖国的雨开始，以朔方的雪收束
这些差异性说明了什么？	

根据对上述表格中内容的分析，可得出如下结论（为节省篇幅不提供分析过程）。这些结论不致文本理解发生冲突。

（1）情感倾向方面：文本中，对南方与北方的雪，情感与评价上，并不存在褒此贬彼的倾向。

（2）思想内容方面：全文是写人生之阶段性变迁：童年是温润美好的，但这美好很快就会过去；成长之后的生命状态是冷峻孤独、充满动感的，所显示的是凌厉悲壮的生命力。本文所展现的，实际上是童年与成年两种不同的人生阶段与人生体验。

（3）结构（详略）方面：写南方的雪的篇幅更多，是为了表现童年的温润美好，在人生中最是留恋的（尽管事实上会很快过去）。详写雪罗汉，并非表现童趣，而是为了暗示童年的温润美好，会迅速变得面目全非。

本书中大量解读实例，都注重从文本的文体要素寻找解读切入口。因此，在此不再就各种文体分别举例。

第七节　向文本提问：不是方法的方法

一、方法解说

如何提问？向文本提哪些问题？下面简单解说。

在我看来，文本解读中最重要的能力包括以下三种：

（1）理解力：就是说明 A 就是 A 的能力。

解读要求：能够识别文本的语句语义以及文本的主旨。

（2）逻辑能力：就是说明 A 与非 A 之间的关系的能力。

解读要求：能够分析文本语句中语义之间的逻辑关系，说明文本各个意义单元之间的逻辑关系，发现文本的逻辑漏洞（如果文本中存在着逻辑漏洞）。

（3）想象力：就是当 A 以非 A 的面目呈现的时候，识别出 A 的能力。

解读要求：能够通过想象把文本中的经验与自己的知识与体验结合起来，从而实现对意义的理解；能够辨识文本中的含蓄表达或修辞性言语的语义。

但这种说法恐难为很多人认同。为了赢得更多的认同，我准备妥协性地采用一般性说法，并根据我的观点作出调整。"理解、分析、综合"等能力，是文本解读所要培养的能力。根据语文学科的要求和考试要求，阅读通常包括理解、分析综合、鉴赏评价、探究 4 个能力层级。其实，这几个能力层级并非截然划分，这种划分只能是"方便说法"，因为实际上这些层级是粘连在一起的，例如较为复杂的"理解"往往基于"分析"和"综合"。而每个能力层级，都可以构成提问的依据。下面举例来说明。

> 子曰："学而时习之，不亦说乎？有朋自远方来，不亦乐乎？人不知，而不愠，不亦君子乎？"

1. 理解

理解与分析常常密不可分。要达成准确的理解，经常离不开分析。而分析与综合也是纠缠在一起的：没有宏观的综合，微观的分析可能是错误的；没有微观的分析，宏观的综合则失去了基础。而分析与综合，本质上也是一个探究的过程。

"学而时习之"，"时习"是什么意思？（理解）

"时"作副词用，《论语集注》把它解释为"时常"，而"时"也可解释为"适当的时候"、"固定的时间"或"偶尔、不时"，何种解释为妥？（分析，探究）

"习"是什么意思？（理解）是"温习（复习知识）"，还是"实习（运用知识）"？（分析，探究）孔子的课程如礼、乐、射、御等，显然必须演习运用，"孔子去曹适宋，与弟子习礼大树下"（《史记·孔子世家》），这一"习"明显是后者的含义；但这里的"习"仅对应前面的"学"，能否把对功课的"温习"看成"学"的一个环节，而据此确定"习"的意思是"实习（运用知识）"？（探究）

"有朋自远方来，不亦乐乎？"为什么有朋友来，就很高兴呢？"朋"究竟指的是什么？是我们现在所说的"朋友"，还是古注所说的"同门曰朋"，或如《朴学斋札记》所说，这里的"朋"指"弟子"？（理解，分析，探究）

2. 分析综合

分析与综合，二者不可分割，故连在一起。

分析是人类认识事物的前提条件。世界本身是没有分别的，一切都是现成的，浑浑然然、自然而然地存在。但我们要认识任何一个事物，前提就是必须把这一事物与别的事物区别开来；必须把这一事物与它的背景或环境区别开来。所以基于分别心的分析是意识最基础的功能，是认识的基础。

综合是统合各种因素之间的关系，得出整体认识。很多时候，分析是为了综合。

"学而时习之，不亦说乎？"、"有朋自远方来，不亦乐乎？"、"人不知，而不愠，不亦君子乎？"从三个句子语气的一致性来看，这三句是连贯的；孔子为什么要把三者连通起来说？（理解，综合）这三者之间有什么关系？它们之间是并列的，还是层进的？依据是什么？（理解，分析，综合，探究）

3. 鉴赏评价

鉴赏侧重于艺术性方面，评价侧重于思想性方面。二者都是主观的。

理解、分析与综合，带着强烈的还原性，亦即严格尊重文本，力求获得对文本的本来意义的认识。鉴赏与评价虽然也必须强调文本的客观性，但它并不排斥读者个人的审美偏好和认识立场。

从文本解读的角度说，这类问题不必要，已经超越了文本的还原性理解的范围；从文本学习的角度说，这类问题很有必要，它有助于提升我们的品位和判断力。

"学而时习之，不亦说乎？有朋自远方来，不亦乐乎？人不知而不愠，不亦君子乎？"连用三个反问。反问作为一种修辞手段，在强调自身立场的

同时，会不会真实地加强说服力？会不会由于情感效应而削弱听者的理性判断？（理解，分析，鉴赏，探究）

"学而时习之，不亦说乎？"能否作为一个标准，来判断我们自己的学习状态？（评价）"人不知而不愠，不亦君子乎？"，能否作为评判君子的标准？（评价）《论语》中谈及君子之处较多，它们之间有什么关系？（综合，评价，探究）

4. 探究

探究是指对不明事物进行探索，以期有所发现。

探究的重点是发现事物的特征。若无疑问则无探究，所以必须要有问题意识，善于追问。对文本而言，尤其要注意那些理解有难度之处，意思上有矛盾之处。

在我看来，"探究"是一种行动，而非一种能力。有效的探究，所依赖的并不是一种能被命名为"探究"的能力，而是理解、分析、综合等能力。把"探究"列为一种独立的"能力层级"，其实是错误的。

"学而时习之，不亦说乎"与"有朋自远方来，不亦乐乎"，两句中"说"和"乐"二字，表示人是快乐的。如果两个字的意思完全相同，那么文本中为何不使用同一个字，而要有所区别？（探究）"悦"的本义是因为谈话投机（这个字中"兑"是"说"的简省）而开心、喜乐；"乐"造字本义是和着演奏歌唱（而得到的快乐）。能否找到区分它们的线索？（分析，探究）

二、方法运用举例：王力《语言与文学》

假如没有问题意识，那么，读者对文本很可能就是麻木的。只有问题意识鲜明的读者，才有可能精细地挖掘文本，思考文本，从而提高理解和探究文本的能力。

只有"眼睛"在场的细读是无效的，有"头脑"在场的细读才是高效的。而能否不断对文本提问，就是"头脑"在不在场的证明。

理解力，包括探究能力的训练，有一个基本方法，就是不断地追问为什么。这与其说是一种方法，毋宁说是一种习惯。这是一种好的习惯，它能有效推动我们的思考。

为什么很多读者总是不合格的读者？因为他们读书的时候，心灵处于麻木的或无动于衷的状态。对于作者在说什么，为什么那样说，从来不加深究。在这样的状态下，不可能透彻理解文本、欣赏文本，更无法形成良好的判断力，无法对文本提出自己的思考。

很多学习者，对于所学习的内容，往往不加思考就简单接受。语言学家王力有一篇讲稿，叫作《语言与文学》。这篇文章曾选入高中语文课本，其中有这么一段：

> 诗人们还把名词分若干小类，如天文、地理、时令、宫室、动物、植物、形体等。同一小类相对，叫做工对。上面所引白居易诗的例子，就是工对的典型。明白了这个道理，我们就知道杜甫《咏怀古迹》"画图省识春风面，环佩空归夜月魂"，为什么不说成"……月夜魂"了。

"画图省识春风面，环佩空归夜月魂"，语文课本的注解说：省（xǐng）识：认识。其实，这个注解是错误的。根据王力的这段阐述，此句是工对，"夜月魂"不能说成是"月夜魂"。因为从大类上来说，"春风面"的构成语素都是名词，"夜月魂"的构成语素也都是名词，所以宽泛地说，"月夜魂"也可与"春风面"形成对仗；但是从小类上来说，"春风面"应以"夜月魂"来对，因为"春"与"夜"是关涉时间的名词，"风"与"月"是关涉自然景观的名词，"面"与"魂"是关涉人类的名词。既然如此，那么在此联中，"省识"对"空归"，显然也是严格的工对。"空归"的"空"，是个副词，"归"是动词；那么"省识"的"省"，也应当是副词，"识"是动词。于是我们发现："省"应念 shěng，是"少"的意思；"省识"，就是罕能辨识。"画图省识春风面"，意思是从王昭君的画像上，很难辨认出她美丽的容貌。所以说课本的这个注解是错误的。

对于一个文本，特别是作为范例的课文，我们要在它的词汇、语句、修辞、逻辑、表达个性等方面，都有仔细推敲、反复追问的习惯。对课本的任何细节，哪怕是注解，都不轻易放过。有了这样的习惯，还愁理解力不会提升？

一个文本中，写的是什么，为什么这样写，其用意何在，都是应该反复检视、仔细斟酌的。要不断追问"为什么"——不断追问文本在说什么，这就是理解；不断追问为什么要说这些，这就是分析；不断追问这样写有什么好处，这就是鉴赏；不断追问所说的究竟是正确的还是偏颇的，这就是评价和探究。

王力的《语言与文学》，第二部分是"词汇与文学"。下面以此为例进行分析，说明追问"为什么"能够把我们的解读活动推向精细和深入。

词汇与文学

这里讲的主要是形象思维的问题。形象思维是文学问题，也是语言问题。形象思维是用具体形象来构思，表现为语言则是多用具体名词，少用抽象名词。①《诗经》的比兴，是形象思维的实践。后来"兴"发展为触景生情，情景交融，托情于景。抒情诗如果没有形象，就是最坏的抒情诗。诗的意境，也靠具体形象来表现。杜甫《秋兴》诗："丛菊两开他日泪，孤舟一系故园心。"就是以丛菊和孤舟这两个景物寄托他的思乡之情。假如他简单地说："离家两年多了，我很想家"一类的话，就味同嚼蜡了。②甚至讲哲理的诗也离不开形象思维。例如朱熹的《观书有感》诗："半亩方塘一鉴开，天光云影共徘徊。问渠哪得清如许？为有源头活水来。"这里有池塘，有镜子（鉴），有天光，有云影，有源头活水，而他所要表达的意思是，每天看书都领会到许多新的道理，好像有源头活水的清池，照得心里亮堂。这样说才有诗意，是一首好诗；如果用抽象的话说出，就不成其为诗了。③

《文心雕龙》用相当大的篇幅讲形象思维的道理。它说："故思理为妙，神与物游。"（《神思》）又说："诗人比兴，触物圆览。物虽胡越，合则肝胆。"（《比兴》）又说："山沓水匝，树杂云合。目既往还，心亦吐纳。春日迟迟，秋风飒飒。情往似赠，兴来如答。"（《物色》）这是古代文论中的形象思维论，值得我们好好地领会。

形象思维也并不都是好的。④庸俗的比喻就表现诗格的卑下。例如明世宗《送毛伯温》诗："大将南征胆气豪，腰横秋水雁翎刀。……天上麒麟原有种，穴中蝼蚁岂能逃？太平待诏归来日，朕与先生解战袍。"这种诗只有小学生的水平，是毫无诗意的诗了。⑤⑥

如果习惯于追问，就这段文字，至少可以提出如下问题（序号表示提问在原文中的位置）：

①多用具体名词，就是形象思维吗？

②"离家两年多了，我很想家"，较之于"丛菊两开他日泪，孤舟一系故园心"，为什么就"味同嚼蜡"了？

③"这样说才有诗意，是一首好诗；如果用抽象的话说出，就不成其为诗了"，为什么呢？既然写这首诗是为了说明道理，为什么不可以直接把道理说出来，而非得使用形象呢？

④为什么说"形象思维也并不都是好的"？那么，好的形象思维和不好的形象思维的差异性何在？

⑤"这种诗只有小学生的水平，是毫无诗意的诗了"，为什么？

⑥本节是讲"词汇与文学"的，但主要在谈形象思维，这是不是转移话题了？为什么？

这些问题，即以一般读者的水平而言，也是能够分析和探究的。下面我逐一加以分析。这些分析是简明的，因为有些问题的彻底解决，需要过于广阔的知识背景，所以不详尽地讨论。

问题①：多用具体名词，就是形象思维吗？

分析导引：你能否构造出一个表达例子，证明用了具体名词但不是形象思维？然后，请你根据这个例子进一步思考，形象思维最核心的特征是什么。

讨论与分析：多用具体名词，是不是就是形象思维了呢？举反例，是一个有效的方法。例如，我们构造两个句子：

几何作图，需要直尺、圆规等工具。

河里有很多鱼在游动：鲫鱼、鲤鱼、草鱼、鲢鱼。

这两个句子中都有较多的具体名词。这就是形象思维吗？答案是否定的。

由此可见：形象思维，从本质上来讲，是一个文学问题，而不是语言学问题。至少，主要是文学问题。只有以表达主观的思想感情为目的，此时运用具体事物作为表达载体，这些事物才具备形象思维的特征。这些表示具体事物的名词，其实就是"意象"。

问题②："离家两年多了，我很想家"，较之于"丛菊两开他日泪，孤舟一系故园心"，为什么就"味同嚼蜡"了？

分析导引：两种说法，真的是一样的吗？请你细致地比较这两种表达方式之间的差异，并说明这样的差异会导致表达效果产生怎样的区别。

讨论与分析：两种说法表达的意思，看似一样，但其实有很大的不同。

离家两年多了，我很想家。

丛菊两开他日泪，孤舟一系故园心。

第二种说法，是杜甫的诗句。其意思大致是"离家两年多了，我很想家"，与第一种说法意思差不多。但为什么第一种说法"味同嚼蜡"呢？

我们首先要分析其话语方式的差异。

第一种说法，话语方式是直接表达。说话者把自己想传递的信息，直接传递出来，听话者一听，就明白是什么意思。

第二种说法，话语方式是间接表达。说话者把自己想传递的信息，并不直接传递出来；他利用"丛菊"、"孤舟"两个意象，设置了一个"中介"。听话者要了解说话者所要传递的信息，必须透过"中介"才能实现。

不难看出，第二种话语方式，是一种间接的、含蓄的、曲折的表情达意方式，理解的难度较高。说话者把信息透过"丛菊"、"孤舟"两个事物来表达，导致的结果是多方面的。

第一，意象作为"中介"，使得信息的传递变得曲折，表意变得含蓄；同时也延长了理解信息的时间（或可说延长了审美的时间长度，获得更多的探索乐趣）。

第二，额外信息的产生。首先，作为"中介"的"丛菊"、"孤舟"两个意象引发听话者回忆起对这两种事物的体验，而这些感觉经验，是第一种说法中所不具备的。这种表达显然包含着更丰富的信息。其次，说"丛菊"，表示思家是在秋天；"孤舟"，则明显地强调了自己的孤独感和漂泊感。这也是第一种说法所不具备的信息。

问题③："这样说才有诗意，是一首好诗；如果用抽象的话说出，就不成其为诗了"，为什么呢？既然写这首诗是为了说明道理，为什么不可以直接把道理说出来，而非得使用形象呢？

分析导引：既然写这首诗是为了说明道理，那么为什么不可以直接把道理说出来，而非得使用形象呢？朱熹的这首诗"转弯抹角"地表达，是一种很不经济的方式，它的必要性和好处在哪里？

讨论与分析：朱熹的《观书有感》诗："半亩方塘一鉴开，天光云影共徘徊。问渠哪得清如许？为有源头活水来。"心如含纳天光云影的半亩方塘，它之所以能够如此清明，是因为有书可读，书就是开启心智的源头活水。简言之，《观书有感》所要表达的道理是：书能启人心智。

假如直接说"书能启人心智"，这是一个清晰简明的命题。任何命题，都呼唤着论证。我们不禁要问：为什么"书能启人心智"呢？这首诗实际上提供了一个形象化的论证：它把人的心比喻为半亩方塘，把书比喻为源头活水，有水源注入的水，才不会是一潭死水，才是清澈的"活水"。这首诗是诉诸我们的经验，来完成了它的证明。这样，"书能启人心智"的道理便有说服力了。

文学强调形象。讲道理不能抽象说理，而要讲"理趣"。"理"如同盐，融于水中，饮水之时看不见盐，却能感知盐之味。这就是理趣。只是一勺盐摆在这里，就是有理无趣。

问题④：为什么说"形象思维也并不都是好的"？那么好的形象思维和不好的形象思维的差异性何在？

分析导引：作者的说法是精确的吗？此处说"形象思维也并不都是好的"，这与前面的论述逻辑一致吗？

讨论与分析：这段讲话花了很大力气来说形象思维是好的，而这里说"形象思维也并不都是好的"，令人生疑。假如，我们一方面说"逻辑思维是好的"，另一方面又说"逻辑思维也并不都是好的"，这符合逻辑吗？

其实，形象思维、逻辑思维、辩证思维等作为思维方式，既不能说它好，也不能说它不好。文本中所举的例子，是明世宗《送毛伯温》比喻的庸俗。这个例子仅仅表明：明世宗运用形象思维的能力是不足的。明世宗运用形象思维的能力很差，并不能证明形象思维本身不好。

所谓"不好的形象思维"，其实就是运用形象思维的能力很低，明世宗的诗中的比喻，落入了俗套，亦即朱光潜所说的"套板反应"。这反映了写作者心灵的怠惰，落入了常规的、习见的比喻的套板之中，从本质上取消了形象思维。

问题⑤："这种诗只有小学生的水平，是毫无诗意的诗了"，为什么？

分析导引：作者说这种诗"毫无诗意"的依据是什么？一首诗是不是只要有了形象思维，就有"诗意"，就是好诗了？

讨论与分析："庸俗的比喻就表现诗格的卑下"，这是作者评断的依据。在这首诗中，庸俗的比喻，表现了其作者形象思维的贫乏。

"这种诗只有小学生的水平"，这话有点过分了。这些比喻虽然陈腐，但小学生中，能熟知这些比喻并能恰当地运用而写出七言律诗的，恐怕是不多的。

但有一点是对的，这首诗的水平确实不高。"毫无诗意"，确实如此。明世宗《送毛伯温》，是皇帝写的应酬诗，没有什么真情实感可言，当然不可能有诗意。任何好诗，都必须具有真情实感，这是关键。所以，这首诗水平不高，最核心的问题并非它的比喻陈腐，而是没有真情实意的表现或流露。作者的批评，没有批评到要害处。

形象思维，是一首诗有"诗意"、是好诗的必要条件，但不是充要条件。

问题⑥：本节是讲"词汇与文学"的，但主要在谈形象思维，这是不是转移话题了？为什么？

分析导引："词汇"与"形象思维"，是不同的概念。作者阐述了两者之间的关系吗？这会不会损害论述的逻辑性？

讨论与分析：有转移话题的嫌疑。本节是讲"词汇与文学"的，但主要在谈形象思维，那就必须证明文学中词汇的使用至少是所谓"具体名词"的使用，与形象思维是等值的或等价的。

词汇与文学的关系，最主要的恐怕应是在消极修辞的范畴。例如，用词的准确性与鲜明性（包括古诗词中的炼字）。属于积极修辞范畴的比喻、属于形象思维的意象的选择，严格说来，并不是词汇问题，而是文学问题。

第三部分

语文经典篇目解读

根据本书的观点，把文本分为叙事类、抒情类、论说类三种。本部分即按此分类，依次选取若干语文经典课文予以解读。这些课文涵盖初中和高中，而以初中为主。考虑到古典诗歌的特殊性，将其作为单独的一类列出。

鲁迅《藤野先生》

一、文本观察切入点

解读散文最紧要的，是对"形－神"关系的分析。把握一篇散文的"神"（主题），是理解的目标，而这一目标的达成，往往是通过对"形"（材料）的分析与综合来实现的。《藤野先生》是一篇写人的散文，其主角当然是藤野先生。那么关于这个文本的解读，可以围绕藤野先生对材料加以分类，从两个方面来考虑：

（1）文中直接描写藤野先生的有哪些内容？这些内容表现了藤野先生的什么特质？

（2）文中没有直接描写藤野先生的有哪些内容？这些内容与藤野先生有何关系？

通过上述分析，最终求得对文本主题的理解。

二、具体的观察与解释

1.直接描写藤野先生的部分

（1）文本中的信息概括。

这部分可以被直接观察，通过整合文本信息，容易得出藤野先生具备的若干特征：生活中自在不拘而专注于学术；在教学中对学生满怀热忱，没有民族偏见、具有平等的尊重；对学生、对教学、对学术强烈的责任感。

（2）文本中的直陈信息。

文中有一段对藤野先生的认识的直接表达："他的对于我的热心的希望，不倦的教诲，小而言之，是为中国，就是希望中国有新的医学；大而言之，是为学术，就是希望新的医学传到中国去。他的性格，在我的眼里和心里是伟大的，虽然他的姓名并不为许多人所知道。"

表现——"热心的希望，不倦的教诲"。

目的——"为中国"，"为学术"。

结论——"伟大"。

分析这段话的逻辑，"伟大"基于两个方面：第一，基于良知的对人类的普遍尊重（包括对弱小民族、对外族学生）；第二，基于责任心的对学术传播的努力。这两点可进一步概括为"良知"与"责任"，能涵盖文中所表现的藤野先生的全部品质。

2. 看似与藤野先生无关的部分

文本前端有 4 个段落，写的是到藤野先生所在的仙台之前的情况，这部分看似与藤野先生无关。但若真的无关，从文本构成而言，就是不必要的。因此有必要分析这些内容与藤野先生有何关联。

（1）在东京的情形。

写东京，突出写的是清朝留学生的辫子和他们学跳舞。首先，讽刺中国留学生的辫子，不满"学跳舞"，这至少表达了"我"去仙台的缘由。其次，更重要的是，这暗示了对其不满的"我"才是真心去日本求新知以挽救国家的人，彼时的留学生实际上思想保守（"辫子"）而且并无对国家的责任心（"学跳舞"）。

（2）日暮里和水户。

日暮里，只是点出地名，也许暗示了落寞和失望的心境，不用多说。水户，别的不写，只拈出来个明遗民朱舜水先生，说这里是他的客死处。朱舜水宁当遗民不做臣民，是一个忠于自己国家、对故国怀有强烈责任感的人。

（3）潜在的表达意义。

这些内容，与藤野先生又有什么关系呢？

第一，清朝留学生、朱舜水和"我"同为中国人，前者对国家毫无感情和责任感；后者不仅有，而且很强烈。

第二，依据前文分析，藤野先生的核心特质是"良知"与"责任"，文本前端4个段落的内容，正好也对准了"良知"与"责任"这两个关键词。

三、主题分析

前文已说，藤野先生的核心特质是"良知"与"责任"。他在生活中非常随便不讲究，是因为他所看重者在"道"，即基于良知的"师道"与基于责任的"学术之道"，正有所谓"君子之风"。文章之末，这句话信息量比较大：

> 每当夜间疲倦，正想偷懒时，仰面在灯光中瞥见他黑瘦的面貌，似乎正要说出抑扬顿挫的话来，便使我忽又良心发现，而且增加勇气了，于是点上一枝烟，再继续写些为"正人君子"之流所深恶痛疾的文字。

在这里，"责任"与"良知"仍然是关键词。藤野先生的责任心，使得"我"不能偷懒；而"我"的良心和勇气，也是来自藤野先生的激励。这里的"正人君子"是讽刺，联系前面的分析，可见藤野先生才是真正的正人君子。

由此可见，《藤野先生》的基本意图，是要塑造藤野先生这一君子形象。而这一君子人格的核心，便是"良知"与"责任"。

鲁迅《从百草园到三味书屋》

一、文本观察切入点

对《从百草园到三味书屋》主题的理解，多有分歧。无论是"儿童热爱大自然，喜欢自由快乐生活的心理"（其实不妥，只能涵盖百草园的内容）还是"对束缚儿童身心发展的封建教育表示不满"（也牵强，文本中并无对书屋先生的批判之意），都很难对整个文本进行完整的阐释；如果把二者都理解为主题，则主题未能统一。因此，有必要对文本进行一个宏观的观察。

本文内容由两个大版块构成，一是"百草园"，一是"三味书屋"。从"百草园"到"三味书屋"，是空间的转换。这种空间分置的必要性在哪里？有什么意义？从"百草园"到"三味书屋"的空间转换，意味着什么？

这是探求主题的基本路径。

二、具体的观察与解释

1. 结构分析：内容的取舍与布局

从结构上看，对百草园生活和三味书屋生活的描写是文章的两大版块。

此外，文章存在首尾呼应的结构布局，一首一尾可称为两个小版块。

（1）两个大版块。

一个是"百草园"，一个是"三味书屋"。

百草园生活由三部分组成：百草园自然景观、关于美女蛇的传说、冬天百草园捉鸟。三味书屋生活也主要由三部分组成：拜师、问怪哉虫和上课。

（2）两个小版块。

文章的第一段与最后一段，分别构成两个意义相互呼应的小版块。文章开头写百草园的荒芜，结尾写绣像的消失，两处共同的意义关键词是：失去。首尾在意义上的勾连十分明显。

（3）两个大版块和两个小版块的对照分析。

两个小版块写的是失乐园——童年不再，时间流逝。而两个大版块则重在呈现童年的生活经验：百草园部分，基本意涵是表现人生初期是自由的、好玩的；而三味书屋，则是以强制、约束为基调。三味书屋代表的管制与规矩，必将取代百草园代表的肆意与有趣，这是社会中的人成长的必然，是无法抗拒和改变的现实。

（4）"从百草园到三味书屋"的空间转换。

从写作的角度说，把百草园写成一篇，把三味书屋写成一篇，是一个更简单的考虑。要把百草园和三味书屋写在一篇文章中，无疑具有特定的表达目的。

从百草园到三味书屋，是两个生活空间的转换，也是两个时间段的转换，更是一个人的人生阶段与心理感受的转换。三味书屋意味着社会力量（文中是教化力量）第一次对一个纯天然状态下的儿童实施了干预。这种干预的结果，意味着束缚的增加和自由的减少。这是社会化的第一步。而文本最后以同窗成为"店主"、"绅士"，表示走出三味书屋之后社会化的进一步延续，对此形成了语义的响应，从而显示出文本探究人生社会化的主题脉络。

2. 人物分析：落魄的先生与人物共性

在对三味书屋的先生的描写中，鲁迅引用了一段赋文。此处的解读不可忽略：

> 只有他还大声朗读着：
>
> "铁如意，指挥倜傥，一坐皆惊呢～～～～；金叵罗，颠倒淋漓噫，千杯未醉嚄～～～～……"
>
> 我疑心这是极好的文章，因为读到这里，他总是微笑起来，而且将头仰起，摇着，向后拗过去，拗过去。

这段赋文描述了李克用摆酒三垂岗庆贺胜利的盛况。李克用是"指挥倜傥"的胜利者；先生却只是个社会底层的塾师。在旧时代，经世致用，留名青史，是儒家知识分子的理想；先生对这段赋文之沉醉如此，恰好折射出他也曾胸怀大志，暗示了他潜意识里对建功立业的旧梦的难以释怀。

先生、"我"和"同窗"，是本文中的三个人物。把这三个人物联系起来分析，会发现其生命的走向都是沉沦——生命原初的趣味、自由和梦想终将远离。

三、主题结论

综合以上分析：百草园和绣像的丢失，暗示着童年趣味的流逝；同窗对绣像曾经的喜欢，让位于"店主"的利益与"绅士"的地位，意味着天真烂漫的"失去"；曾胸怀大志的先生沦落为无功无名的塾师，昭示着梦想的幻灭。文章从头到尾，字里行间，其实都在表现人生的悲哀与沉沦——人生是一个持续的社会化进程，而这一进程的趋势，是沉沦。这就是本文的主题。

四、余论

1. 视角与经验

本文把童年经验与成人视角结合起来，实现了经验的结构性改变。成年人"观念"赋予童年的"经验"以秩序，使得凌乱的童年经验被重新组织，经验内容是童年的，而其结构是成人的。这就是说，《从百草园到三味书屋》中的具体经验基本都是童年的，但组织这些经验的是成年人，因而主题也是成年人的。

是"我的记忆"影响了"我"，还是"我"掌控了"我的记忆"？《从百草园到三味书屋》中，这实际上是双向的。鲁迅是对自己的写作意图异常清楚的创作者，尽管《从百草园到三味书屋》是带着温情和感伤的，但你能发现他性格中的强势。文本的主题完全基于童年经验，但这种主题绝非童年时候所能想见或悟出的。这说明作者对题材的选择性干预很大。在精心剪裁过的片段的嫁接中，我们会被诱导到作者营造的"生命被修理和塑造"的感伤性的感觉之中。

当"我"成为一个观看者，所有叙述都带着某种"审视"的意味，相比于其他的童年书写，《从百草园到三味书屋》的笔触在阅读时格外让人有一种成人的"我"了解儿时的"我"的意味，成年人的视角使得童年的经历成为表达成人意念的工具。很显然，鲁迅回忆的是过去，但找到的是现在——一个纠缠着过去的现在。

2. 回忆

回忆是一个庞大的存在。它沉默而又喧嚣。作为过去，它已经在现实世界归于沉寂；作为记忆，它仍然在内心不断片段地闪现，发出只有回忆者自己听得见的声音。一个庞大的"过去"成为写作题材，与"现在"的认知与心境紧密相关。

对于那些渐次模糊的遥远记忆而言，有选择的记录反而会带上某种"真实性"，因为它会让回忆者冒出一种"看得更清楚"的确定性。假如鲁迅足够真诚，他自己也会觉得笔下的百草园极其真实，然而，文中的百草园并不代表那大半已经模糊甚至湮灭了的童年百草园的全部。任何被记录的过去，都只能是有选择的、部分的真实。写作是"有选择性的记忆"，必然同时也是"有选择性的遗忘"。选择哪些记忆部分，这是为了主题的需要。

鲁迅《阿长与〈山海经〉》

一、文本观察切入点

《阿长与〈山海经〉》是一篇写人叙事的散文。从散文的"形－神"关系角度观察考虑，可以提出以下问题：

（1）"形"的观察：本文叙述了哪些事？为什么要写这些事？

（2）"形－神"关系观察：文中的叙述，是如何围绕主旨并表现主旨的？如何统合这些叙述推求本文的主旨（"神"）？

如果从微观角度观察文本的表达特征，我们容易发现文末两段存在明显的时间跳跃（阿长辞世三十年之后），文末一句话是一个时态跳脱的、相对独立于前文的抒情——"仁厚黑暗的地母呵，愿在你怀里永安她的魂灵！"观察这个抒情句与前文的关系，分析前文对此句抒情的支撑，也有可能切入文本。

二、具体的观察与解释

1.超乎全文叙述之上的抒情句

"仁厚黑暗的地母呵，愿在你怀里永安她的魂灵！"无论从时态上还是表达方式上，这句抒情对于全文的叙述，都是一种超越。全文的叙述是这句抒情的基础，而这句抒情是对全文叙述的一个点化。它终结了全文。

（1）"仁厚的地母"。

"地母"即地神，大地母亲。地母对万物生灵有养育之力，所以是"仁厚"的。在中国传统观念中，地无不载，宽广仁厚，是其德。

由此反观全文对长妈妈的叙述，明显地，买《山海经》一节，没有文化的长妈妈对"我"无私的、努力的爱，对应了地母的"仁厚"之德。

（2）"黑暗的地母"。

那么"黑暗"呢？天属阳，地属阴，地母是大地之神，也是地府（阴司）之神。地府是黑暗的，地母是"黑暗"的。

由此反观全文对长妈妈的叙述，有无对应关系？为什么长妈妈这样善良的人，死后不是升天而是入地，去到黑暗的地府，让黑暗的地母来安顿她的灵魂呢？

地母是"仁厚"的，作者完全可以这样写"仁厚的地母呵，愿在你怀里永安她的魂灵"，而不必提及"黑暗"。文本中说"仁厚黑暗的地母呵，愿在你怀里永安她的魂灵"，这意味着长妈妈的灵魂不仅安顿在地母的仁厚中，也处于黑暗的围绕中。此句提及黑暗，可能的解释是：

①长妈妈长眠地府，她所在的地方是黑暗的。作为世间一个普通过客，她来自黑暗，归于黑暗，她的生命处于从黑暗到黑暗的轮回之中。

②长妈妈活在世上的时候，她的生命状态是黑暗的。在"仁厚黑暗的地母"的怀里才可以"永安她的魂灵"，意味着长妈妈活在世上时，她的生命状态是黑暗的，她的灵魂是不安的。

2. "黑暗"：长妈妈的生存状态

《阿长与〈山海经〉》，标题是耐人寻味的。不识字的阿长与《山海经》本来是毫无关系的。在写阿长买《山海经》之前，文本主要是通过"我"的视角来讲述阿长。这部分的内容，主要包括：

（1）阿长连名字都是被人无视的。她没有独立的、属于自己的生命符号，大家叫她"阿长"，她被等同于此前女工的替身。

文章刻意指明阿长"生得黄胖而矮"，意思是阿长并不"长"。"先前的先前"家里的女工叫"阿长"，如今的阿长是"来补她的缺"，大家叫惯了没有"再改口"。这说明人们对阿长这个女佣是没有尊重的。

（2）阿长的新年愿望是极其空洞和卑微的，她所指望的是一个孩子的"恭喜恭喜"的抽象的祝福。

阿长"极其郑重"地希望得到元旦的"恭喜"，"一把将我按住"、"惶急地看着我"的紧张，都是因为想要得到"一年到头，顺顺流流"的"运气"。她的新年愿景没有具体的、切实的内容，作为一个社会底层的女工，她并不拥有切实的目标和实现目标的可能，只能寄望于"一年到头，顺顺流流"的"运气"。

阿长对命运的相信，是自身无力的无可奈何。对平安的热望，是因为对幸福没有奢望。

（3）阿长自视卑微，在"惊心动魄"的动乱年代，她只配脱了裤子去提防大炮。

"长毛"诛杀成人，攻击富人，掳掠儿童和"好看的姑娘"，阿长自己也要被掳去。被掳掠的几个对象，是"小孩子"、"好看的姑娘"、包括阿长在内的"我们"。在阿长的意念中，她是把自己排在最为低下的位置的——被羞辱，用身体的污秽去抵挡放炮。

"伟大的神力"是儿童角度的理解，也是一个反讽。

（4）根据文末信息，阿长"大约是青年守寡的孤孀"，她是孤苦无依的。

文本规避了相关叙述，其实是一个巧妙的处理。阿长年纪轻轻就成为寡妇，显然存在着巨大的孤苦。但文本在最后才作出交代，暗示阿长的这种孤苦是被大家无视的。

由阿长年轻守寡、只有一个"过继的儿子"的情况，反推前文可知，睡觉爱摆"大"字、"推她呢，不动；叫她呢，也不闻"、"满床摆着一个'大'字，一条臂膊还搁在我的颈子上"等，并非对"我"不好，长妈妈不曾生过孩子、不具备带小孩的经验，都是可能的原因。

以上内容，把它理解为对长妈妈的"憎恶"、"讨厌"，是不合适的。如果说文章是欲扬先抑，写长妈妈买《山海经》的部分是"扬"，而此前的部分是"抑"，那么在长妈妈买来《山海经》之后，床上摆"大"字的习惯就不讨厌了吗？脱裤子抵御大炮，是"抑"吗？如果是"抑"，这是在"抑"什么，这个"抑"对后面的"扬"起到了什么作用呢？

其实，这部分的绝对主导性内容，都是在揭示长妈妈的生存境况。在社会生活中，长妈妈是一个卑微的、被人无视的存在。母亲问她，"她不开口"；买《山海经》，也不曾对人说。阿长是沉默的。实际上，这个年轻守寡的孤孀，虽然看起来"常喜欢切切察察"，然而她内心深处的东西，无处言说。她的内心深处，是悲苦的，黯淡的。

3."仁厚"或爱：一个女工的"伟大的神力"

买《山海经》部分的文意，是比较清晰的。

（1）阿长是主动的。

阿长主动关心"我"的愿望："这是我向来没有和她说过的，我知道她并非学者，说了也无益；但既然来问，也就都对她说了。"

阿长主动用自己的钱去购买："我还记得，是她告假回家以后的四五天，她穿着新的蓝布衫回来了，一见面，就将一包书递给我……"（这个例子结合前文"她不开口"，还可看出阿长很多时候是沉默的，不太吐露自己的内心。）

（2）阿长为自己的仁厚而高兴。

阿长出于对孩子的爱而买："哥儿，有画儿的'三哼经'，我给你买来了！"她并不知《山海经》为何物，只为满足孩子的愿望。

阿长的高兴是发乎真心的，是真实的："高兴地说道"——请注意对比元旦"恭喜"之后的措辞，"十分欢喜似的，笑将起来"："欢喜"和"欢喜似的"、"高兴"和"高兴似的"是不同的。

三、文本的主题

根据上述分析，可以这样描述本文的主题：通过对阿长的回忆，表现一个底层女性的卑微与仁厚。这种仁爱发自一个被无视的、孤苦而卑微的底层生命，因而具有更强烈的震撼力。

长妈妈的爱是"单向的"。在她对"我"付出爱的时候，"我"对她并无对等的回馈。这个仁厚的"阿长"，这个给"我"爱而其姓名和经历都不为"我"所知的人，这个一生中处于黑暗的生存状态的孤孀，一念及便有了无尽的悲酸和愧疚。于是，这才有了文本最后一句强烈的抒情。

本文的主题元素中，表现阿长的爱的部分，比较显露。而揭示阿长卑微的生命状态的部分，既有所呈现又有所遮蔽，不易为读者所察觉。只有充分考虑到了文本主题的统一性，才能够解除遮蔽，避免误读。

鲁迅《故乡》

一、文本观察切入点

本文标题是"故乡",从解题的角度讲,文本内容应是对故乡的表现。全文并未着力描绘故乡的风景,而是通过故乡的人物来表现标题的内涵。文中主要涉及三个人物:故乡的闰土、故乡的杨二嫂、作为观察者的"我"。

于是观察进一步缩小至两个主要问题:

(1)作为故乡人物的代表,闰土和杨二嫂对表现"故乡"有何作用?

(2)"我"作为观察者显然有串联故事的叙事功能,但"我"作为从故乡走出去的人,是否存在主题表现功能?

二、具体的观察与解释

1. 对闰土和杨二嫂的观察与分析

文本中的闰土、"我"和杨二嫂,都存在着"过去"与"现在"两种时态。"故乡"也具有"过去"与"现在"两种时态。

(1)"过去的闰土"与"现在的闰土"。

①过去的少年闰土的特征梳理:有生命活力的、有自由生活状态的、有新鲜生活经验表达的。

②现在的成年闰土的特征梳理：神情麻木寡言少语的；"懂事"的、遵从尊卑礼法的；忍耐现实苦难的"木偶人"。

③闰土和"我"的关系变化观察：少年时代的关系：依据天性表现出来的自然性。这种自然性没有社会性参与，是美好的，文本中这段文字的笔触，也是欢乐的和诗意的。少年闰土生活在自然中，自然性特别突出；而少年的"我"，"只看见院子里高墙上的四角的天空"，自然性的表现较弱。因此在少年时代的二人关系中，"我"是弱势的，而闰土是强势的。

现在的"我"和闰土的关系：此时自然性已然不在，二人的关系是社会性的。弱势的"我"成了"老爷"，强势的闰土变得十分弱势。二人之间变得隔膜，小说中这部分文字的笔调也变得感伤而阴冷。

这种关系的转移，完全基于以地位确定尊卑的社会规则。

④闰土命运变化观察：由美好的、生命力饱满的少年，变成了麻木的、卑微的成年。基本走向是沉沦的。

（2）"过去的杨二嫂"与"现在的杨二嫂"。

①过去的杨二嫂的特征梳理：文中一笔带过，人称"豆腐西施"。

②现在的杨二嫂的特征梳理：自私、刻薄、尖酸；没有操守、爱占小便宜；不讲道德；虚情假意。

③杨二嫂命运变化观察：与过去的"豆腐西施"相比，不仅有风韵的衰颓，也有经济的困境与人性的沉沦。

2. 闰土和杨二嫂对表现"故乡"的作用

（1）闰土和杨二嫂的身份。

闰土是纯粹的农民，是农民的代表；杨二嫂是"豆腐店里"的，是手工业者或市民的代表。故乡是一个传统的农业社会，存在少量的作坊式手工业，可以说，二人是整个社会人群的代表。二人的命运，便是故乡的命运。

（2）闰土和杨二嫂的命运趋势。

在如上分析的基础上，可以观察到故乡的这两个主要人物的共同点：他们的命运都走向了沉沦。其命运趋势的一致性，意味着故乡在走向普遍的沉沦和荒凉。

（3）闰土和杨二嫂的性格特质与代表性。

与少年闰土相比，成年闰土是一个谨守尊卑的痛苦而麻木的木偶，其生命状态是忍耐的、萎缩的、卑微的。成年闰土叫我"老爷"，"我母亲"让他"还是照旧"，他说"那时是孩子，不懂事"，闰土叫水生"给老爷磕头"，都说明成年闰土的等级观念和卑微感，具有"奴隶性"。

杨二嫂毫无道德感，能捞就捞，能骗就骗，能偷就偷，虚情假意，把告密作为讨取好处的策略，把小偷小摸当作聪明才智。她损人利己，随时耍无赖，相机行事，与闰土相比，她所代表的，是"流氓性"。（杨二嫂早前"终日坐着"，很安静；而现在"每日必到"且能"飞也似的跑了"——文本似乎也在刻意突出她"流"的变化。）

"奴隶性"与"流氓性"，是国民劣根性的主要表现。闰土的奴隶性与杨二嫂的流氓性，恰好形成对民众劣根性的完整覆盖。

于是可以解释：为什么《故乡》中不仅仅是情节相对完整和丰富的闰土的故事（符合情节的聚焦与紧凑原则）。没有杨二嫂，对故乡的展现将是残缺的，对国民劣根性的表现将不完整。

3. "我"和"故乡"

作为故事的经历者，"我"是在少年时代以少年闰土的见证者出现的；作为故事的观察者，起到了串联整个故事的作用，便于呈现闰土和杨二嫂两个变化着的形象；作为思考者，在小说最后越过故事提出了关于"希望"的议论。

"我""谋食异地"，处于颠沛之中；母亲"也藏着许多凄凉的神情"，"我家的门口""瓦楞上许多枯草的断茎当风抖着"，透露着破落。"我"的人生也并不是美好的。

通观"我"、闰土和杨二嫂，"故乡"是一片悲凉的。这与小说一开始的环境特征一致。

三、文本的主题

总括以上分析，本文的主题是：通过对闰土和杨二嫂两个主要人物及其命运走向的叙述，展现了故乡的沉沦与荒凉，揭示了国民的劣根性。

文本一方面表现了对故乡沉沦的感伤与悲怆，一方面展现了对国民性的深刻思索。

顺便说，文本最后"我"越过叙述提出议论，可能损害小说的艺术性。小说是以故事和形象来表达观念的，议论有风险。文本之所以这样做，可能基于创作者主观上的刻意，他想为悲惨的社会凭空增添一点亮色。(《呐喊自序》："既然是呐喊，则当然须听将令的了，所以我往往不恤用了曲笔，在《药》的瑜儿的坟上凭空添上一个花环，在《明天》里也不叙单四嫂子竟没有做到看见儿子的梦，因为那时的主将是不主张消极的。至于自己，却也并不愿将自以为苦的寂寞，再来传染给也如我那年青时候似的正做着好梦的青年。")不过，小说中下一代宏儿和水生的存在，使得关于"希望"的议论显得比较自然。此外，作者明智地保持了中立，水生和宏儿，呼应着少年闰土与少年的"我"，他们将来究竟是轮回的循环还是有希望走出轮回，故乡是否有希望，作者并没有给出定论。

鲁迅《孔乙己》

一、文本观察切入点

孔乙己是《孔乙己》中的主要人物。所有小说文本，都可以以主要人物为核心，观察主要人物自身的特征，以及他与周围世界的互动关系：

（1）主要人物有哪些行动？这些行动的动机、方式与效果表现出人物怎样的特质？

（2）主要人物、次要人物与所处的社会是如何互动的？这种互动说明了其间存在着怎样的人类关系（社会属性）？

二、具体的观察与解释

1. 主要人物：孔乙己的特质

（1）人物行动中所表现出的特质。

①身份：穷愁潦倒的底层读书人——自我尊严与现实处境的撕裂。

孔乙己的长衫与其社会地位是矛盾的，他的话语与社会是脱节的。

长衫——"孔乙己是站着喝酒而穿长衫的唯一的人"，穷愁潦倒，仍然坚持穿长衫，企图保持体面。长衫是企图维持身份尊严的工具。

话语——"他对人说话，总是满口之乎者也，教人半懂不懂的"，孔乙己在表达上与现实社会是隔离的；"这回可是全是之乎者也之类，一些不懂了"，以语言作为掩饰难堪、自我防卫以维护自尊的套子。

长衫和话语，是文本中孔乙己最具标志性的两个符号。

②人物行动中的人格表现——善良、热心，讲信誉，有自尊。

善良、热心——"我教给你，记着！这些字应该记着。将来做掌柜的时候，写账要用"，"他便给他们茴香豆吃，一人一颗"：热心为"我"着想，把本来不多的茴香豆分给孩子吃。

讲信誉——"他在我们店里，品行却比别人都好，就是从不拖欠；虽然间或没有现钱，暂时记在粉板上，但不出一月，定然还清"，极其贫穷但讲信誉；（要注意与文本中社会诚信普遍缺失的对比："他们往往要亲眼看着黄酒从坛子里舀出，看过壶子底里有水没有，又亲看将壶子放在热水里，然后放心：在这严重监督下，羼水也很为难。"）

有自尊——"孔乙己睁大眼睛说，'你怎么这样凭空污人清白……'"，"孔乙己立刻显出颓唐不安模样，脸上笼上了一层灰色"，"孔乙己低声说道，'跌断，跌，跌……'他的眼色，很像恳求掌柜，不要再提"：孔乙己维护自尊的努力自始至终，一直持续到最后一次喝酒。

（2）文本对孔乙己生平补充介绍中的信息分析。

孔乙己性格迂讷，是制度的受害者——"孔乙己原来也读过书，但终于没有进学，又不会营生；于是愈过愈穷，弄到将要讨饭了。"追求通过读书寻找人生出路，又迂讷不知营生，所以"愈过愈穷"。

孔乙己是传统文化观念的受害者——"可惜他又有一样坏脾气，便是好喝懒做。""好喝"不是"好吃"，喝酒是文人脾气；"懒做"既是因为不会做，也是因为不屑做，这是"劳力者治于人"的传统观念的结果。

孔乙己曾经企图自食其力——"幸而写得一笔好字，便替人家钞钞书，换一碗饭吃。"

孔乙己偷窃是因为生计艰难——"孔乙己没有法，便免不了偶然做些偷窃的事。"

（3）结论。

孔乙己是一个善良、热心，讲信誉，有自尊，性格迂讷的穷愁潦倒的底层读书人，是旧制度、旧文化观念的受害者。

须注意，文本的基本内容并非揭示旧制度、旧文化观念加害孔乙己的过程（过去时态的），而是展示孔乙己在当下社会现实中的悲惨处境（现在时态的）。抨击科举制度和传统文化观念，并非文本的重点。

2. 主要人物与周围世界的互动关系

（1）冷酷：孔乙己的"痛"成为大众的"乐"。

文本中反复写到"笑"，孔乙己的"笑"贯穿了整个故事。孔乙己是被讥笑的对象，讥笑他的包括各种人：这就是孔乙己与社会最基本的互动关系。

"笑"的笑点在文本中依次包括：第一，孔乙己所受到的羞辱（"添上新伤疤"，"你一定又偷了人家的东西了！"）；第二，孔乙己为了自尊而争辩的难堪可怜；第三，孔乙己功名不成的人生失落；第四，（孩子习惯性地）笑孔乙己的话语方式；第五，（掌柜取笑）孔乙己被打残。综合来看就是，人们"快活"的笑，都是建立在孔乙己的失落、羞辱、难堪和痛苦之上的。

如此则表现了社会的冷酷（请注意用词不是"冷漠"）。孔乙己作为一个可怜人，非但得不到同情，甚至无法得到无情。他得到的是撕咬：人们以他的"痛"作为自己的"乐"。

（2）冷漠：孔乙己与孩子们的"无感"。

本文中有两种孩子："我"和"邻居孩子"。

①"我"的特点是冷漠。第一，作为故事的参与者，"我"的基本特点是"冷漠"。"我"是以"不耐烦"、"毫不热心"的冷淡对待孔乙己的"恳切"的。第二，作为故事的见证者，"我"的基本特点也是"冷漠"。故事叙

述者保持了巨大的冷静，尽量保持冷漠的语调，避免情绪的起伏，这是一个显著的特色。

②"邻居孩子"的特点也是冷漠。他们得到了孔乙己的恩惠，但他们对孔乙己的善意，除了"在笑声里走散"并无别的反应。他们的"笑"应该是受成人讥笑孔乙己而形成的一种习惯性反应（与"我"的"附和着笑"本质上是一样的）。

③孩子（包括"我"）的共同点，可概括为"冷漠"。

作为孩子，不像穿长衫和短衣帮的成人那么残酷，他们的冷漠其实就是麻木，也暗示了社会未来之无望。

（3）残忍：孔乙己与何家、丁举人。

孔乙己是底层知识分子；何家与丁举人，是得志的知识分子。同为知识分子，他们对孔乙己的读书愿望和穷困不堪，不但没有丝毫同情，反而异常残忍。"窃书"被"吊着打"，穷极而偷东西，"先写服辩，后来是打，打了大半夜，再打折了腿"。

三、主题结论

小说三要素中，本文情节是简单的、片段的、不连贯的；情节的片段性使得孔乙己的形象尽管特征鲜明但完整性和丰满性不足。本文最突出的是"环境"，即社会环境。这不是说这篇小说存在瑕疵，而是说文本立意不在刻画人物形象或讲述复杂故事——文本意图通过孔乙己的遭遇凸显整个社会的世态炎凉，揭示孔乙己的悲剧作为一个社会悲剧的实质。

本文准确的定位是：这是一篇社会批判小说。

本文的主题是：揭露中国社会这个病态的悲惨世界的冷漠、冷酷和残忍，批判其反人类的实质（"吃人"是鲁迅小说的重要主题）。

朱自清《背影》

一、文本观察切入点

作为一个叙事性文本，《背影》一直以感人著称。《背影》是一个神奇的汉语文本，"学汉语的地方，就有《背影》，它成了现代汉语的一个标本"。几十年来，这篇短文被选为中学语文教材，"在中学生心目中，'朱自清'三个字已经和《背影》成为不可分割的一体了"（吴晗语）。如果从文本特质的角度来考虑，可能的切入点是：《背影》这一文本的感人力量，究竟来自何处？

如果从叙事性散文的角度，则可以"形 – 神"关系作为观察的切入点：

（1）本文标题是"背影"，直接写背影的语段是哪些，提及"背影"的地方有哪些？

（2）未提及"背影"的语段与"背影"有何关联？这些语段为何在文中存在？

二、具体的观察与解释

1. 买橘子只是寻常事

《背影》中的父亲，为儿子做得多，说得少，无微不至地去关爱儿子。但应该认识到本文与一般写父爱的文章不同。

本文确实感人，而这种感人的力量来自何处？

一个直接的回答就是：父亲买橘子一节，可见其行动很吃力。这部分文字中动词的使用比较到位，看得出他为儿子非常努力，表现了父爱。但这个回答是不充分的。

父亲的形象不是高大潇洒的，他外表肥胖，动作笨拙；父亲也并未为自己做什么惊天动地的大事，点题的"背影"之处的情节，就是临别时父亲为自己买了一些橘子。在文本中父爱表现最强烈的那一刻，是由父亲为"我"艰难地攀爬月台买橘子时的背影呈现出来的；单看父亲买橘子一事，也属寻常，很难解释为什么这一背影让"我""最不能忘记"。因此需要进一步分析：为什么一个买橘子的小事（尽管父亲的行动显得比较吃力），会如此令人感动。

2. 心理背景的设置

文章标题是"背影"，但"背影"却在文本中姗姗来迟。在刻画背影之前，作者用了整整 5 个段落，去呈现父亲在丧母的悲痛中对"我"的宽慰、曾经辉煌"独力支持，做了许多大事"的父亲失去工作的处境的狼狈、父亲本来安排茶房送"我"而后来又决定亲自来送、送行过程中对"我"细致的叮嘱以及显得"迂"的"白托"。这几个段落篇幅庞大，可以从中分析出父亲的心境：

（1）父亲面对自身的丧母之痛，他自己极大的悲痛急需安慰，却安慰"我""不必难过"，是对父爱的有力的然而也是含蓄的表达。

（2）父亲曾经"独力支持，做了许多大事"而此时家境败落自己"赋闲"，表明父亲处于人生事业的艰困之中，他的内心实际上是极其沮丧悲苦的。

（3）父亲已经安排茶房送"我"而后来又决定亲自来送行，直接表现了父亲对"我"的不舍。

上面就是文本在父亲"背影"出现之前，所表现的父亲的心理背景。

在此心理背景下，联系到父亲买橘子时的"蹒跚"和晚景的"颓唐"，以及他"大去之期不远"的悲叹，可以这样说："背影"所显示出来的父爱，是在一个极其沮丧悲苦甚至对人生已有绝望的情绪背景下呈现的。一个父亲，在正常的情况下，为即将远行的儿子买几个橘子，根本不算什么；但《背影》中父亲坚持亲自去为儿子买几个橘子，却意味着一位父亲在对生活几近绝望的心态下，竭尽所能为自己的儿子作出最后的努力。

三、文本的深意

这就是为什么《背影》具有如此感人的力量。这种力量不是来自买橘子，而是来自文本为买橘子所设置的父亲的心理背景。背影背后的这些铺垫和烘托，展现出一个隐藏在父爱背后的更加深广的心理世界。

文章最后一段，看似与"背影"也无太大关系。这一段主要是表现父亲晚年对"我"的惦念和衰颓，并特别点出其信件中"大去之期不远"的死亡预期，且立即把这个悲叹和"背影"勾连起来。至此，"背影"不止具有了车站离别的含义，更有生死离别的含义。文本在此终结，"背影"由此定格：它不再仅仅是一个买橘子的行动影像，更是一个切入"我"的灵魂的生命事件。

杨绛《老王》

一、文本观察切入点

作为一个叙事性文本，对《老王》进行文本观察，可以从人物与人物之间的关系入手。以老王为中心，至少有以下几个观察的切入点：

（1）老王自身的行动中，显示出怎样的性格或人格特质？

（2）老王与"我"的关系中，可以看出他是一个怎样的人？

（3）老王与环境（时代，社会）存在着怎样的关系？透过这种关系，能否对老王的命运作出合理的解释？

二、具体的观察与解释

1. 老王的行动中所展现的性格或人格特质

这部分信息比较清楚，不存在较大的解读障碍。他贫穷，身处社会底层，老实、善良、忍耐、懂得感恩，从文本中梳理出这些信息比较容易。

2. 老王和"我"的关系

"我常坐老王的三轮。他蹬，我坐，一路上我们说着闲话。"开头一句透露出来的信息包括：第一，"我"和老王是主雇关系；第二，"常"字表示相互比较熟悉；第三，"说着闲话"表示不存在知心的深交。

"我女儿说他是夜盲症，给他吃了大瓶的鱼肝油，晚上就看得见了"，应该是老王对"我"情感增进的一个关键点，这是文中可以观察到的他亲近"我"家的最可能的原因。他非常贫穷而不愿拿钱，临死还竭尽努力把那个年代非常宝贵的香油和鸡蛋送给"我"家。贫穷的老王不愿拿钱，说明他是基于感情而这样做的。

而"我"尽管对老王也有善意，但几乎一直是用钱来对待与老王的关系。老王自知将死而把他能送的最好的东西送来，有临终告别之意，而"我"仍然坚持用钱来对待他，使这场告别成为一场冷漠的经济交易。

由此可见，虽然双方都是善良的人，但彼此的心灵是相隔的。"我"固然对底层的老王有着怜悯与同情，但这并不足以打通、更不可能消除由文化、阶层不同所造成的心灵隔膜。

3. 老王与环境（时代，社会）的关系

文中提供的社会时代背景有二：第一，文中老王的故事发生在"北京解放后"；第二，"文化大革命"。在这样的时代和社会中，他"靠着活命的只是一辆破旧的三轮"，后来竟被取缔"改成平板三轮"。老王的人生是悲酸的，作为一个底层劳动者，这位善良的受难者的人生悲剧显然有着社会和时代的原因。本文的叙事朴实、冷峻，以毫不尖利的笔触，冷静地反映出生活的真相，直指生活与时代的疼痛。

三、文本的深意

本文的叙事，用最简单和冷静的语言，不动声色地讲述最悲哀的故事。文本中不少地方甚至表现出刻意的缄默，例如它回避了老王何以待"我"独厚的说明，例如它回避了谈论老王这位"脑袋慢"的车夫的命运与时代的关

联。这种简单、冷静甚至缄默，是一种很高的叙事境界。寓繁于简、实深似浅的叙事，也使得眼力有限的读者仅仅看得见文本中"人性的善良"，而看不出《老王》真正的深意。

根据以上分析，对社会的批判性反思乃是本文的真正主题，这一主题涵盖两个元素：第一，社会人群（基于各种原因）的撕裂所造成的心灵隔膜；第二，底层人物的悲酸人生所引发的对社会的批判性反思。老王是个小人物，在他的背后，却潜伏着一个宏大的主题。

琦君《春酒》

一、文本观察切入点

《春酒》是一篇以叙述为主的回忆性散文。"春酒"是寄托情感的对象；主要的表达方式是叙述，叙述的内容是回忆性的。围绕散文的"形－神"关系，形成以下基本的观察问题：

（1）"形"的观察：本文标题是"春酒"，哪些事是与春酒有关的，这部分的表达意图是什么？哪些事是与春酒无关的，为什么要写这些事？

（2）表达方式观察：哪些文字是属于叙述性的，文本的叙述有何特点？哪些文字是非叙述性的，它们在文本中的作用是什么？

在此基础上，进一步理解本文的主题（"神"）是什么。在文本主题理解方面并没有明显的障碍；但对文本母题的文化意涵的理解，则需要更多的分析。

二、"形－神"分析

本文所叙述的基本内容，主要包括喝春酒、喝会酒、自泡酒三项。其中，喝春酒、喝会酒是回忆的，自泡酒是现在时态的。能贯通三项内容的词是"八宝酒"而不是"春酒"。

1. 回忆部分的内容分析

（1）写春酒的部分（1—4段）。

内容：

主要内容：交代喝春酒的风俗背景，"我"喝春酒的快乐自在，母亲酿八宝酒的醇香。

从这几项内容的脉络观察，写母亲酿八宝酒的醇香是叙事的重点。也就是说，这部分叙述的实际对象是母亲。

根据本部分内容，可概括出母亲的如下特点：

克己，谨守礼法：家家户户邀喝春酒，一律派孩子去，自己不愿抛头露面。

能干：酿八宝酒醇香，"我"非常喜欢喝；小花猫成酒仙。

待客有道：请邻居吃春酒，会给每人斟一碗八宝酒。

讲分寸：告诉成年人八宝酒的好处，而告诫女儿讲节制；对女儿只喝一杯感到高兴。

表达方式：

表达以叙述为主干，穿插说明。这些说明主要包括两项：对过年风俗的说明；对八宝酒酿造的说明。其主要作用是说明家乡的风俗和母亲的能干。

（2）写喝会酒的部分（5—8段）。

喝会酒部分（5—7段）：

叙述中穿插说明。叙述的是喝会酒的情况，说明部分主要是介绍"十二碟"的风俗。整体内容仍然是对准母亲的。这部分内容可概括出母亲的如下特点：

克己，谨守礼法："母亲是从不上会的"；"母亲和我也各有一条，我就等于得了两条"。

待客有道，和睦乡邻："很乐意把花厅给大家请客"；以八宝酒给大家助兴。

善良自信："母亲得意地说了一遍又一遍"。

延伸叙述部分（第8段）：

这部分既非喝春酒，也非喝会酒，写的是母亲做事的分寸。"一定分量"、"尺度"、"分分寸寸要留神"，是语义相互指涉的几个词语（句子）。这部分所表现的母亲，以强调其为人处世的尺度为主，文段中还指出了母亲勤劳（"终年勤勤快快的"）、能干（"做出新鲜别致的东西"）、克己（"总是分给别人吃，自己却很少吃"）。

2. 对上述分析的小结

（1）"春酒"不是文本的主要表现对象，母亲才是。

（2）统合前文分析，母亲是一个传统的母亲形象。其基本特点是善良克己、谨守礼法，勤劳能干、待客有道，处事得体、讲究分寸。

3. 自泡酒：叙述时间的变化

第9—10段，是叙述"今年"自己如法炮制八宝酒的情况。"供祖"的形式有，"分岁酒"的名目也有，但酒已不再是当年的家酝。这酒不是"小时候家乡自己酿的酒"，再也不是"道地的家乡味"了。

这部分的时间是现在，而前文的时间是过去。因此与前文具有对应性。然而，在这部分中，母亲消失了，而"家乡"的概念却被强调。

这意味着"家乡"和"母亲"具有某种对应性。

4. 文本主题

从时态变化看，文本主要内容是对童年一些经历的回忆，表现了对童年的怀念。从表达的对象看，借八宝酒叙述了关于母亲、关于故乡的若干内容，表现了对母亲、对故乡的眷恋。统而言之，对童年、母亲和故乡的眷恋，就是本文的主题。

这个主题概括中，眷恋的对象有三种，看似不够统一，下面我将阐述这三者的统一性。

三、童年、母亲、故乡：《春酒》的母题

1. 什么是母题

关于母题是什么，迄今为止，学术界并无统一的认识。下面谈谈我的理解。

我不打算在文学、神话、民俗或文化的理论背景下谈论我的理解，而仅仅从文本分析的角度来谈论母题。这里的"母题"的含义，与理论探讨无关，只在一般意义上考虑"母题"与"主题"的关系，我准备这样定义母题：如果某个主题要素在不同的文学文本中一再出现，那么它就被称为"母题"。母题是不同文本在主题要素上的交集。

由于母题在不同的文学文本里一再出现，最终可能成为一个表现特定族群（甚至全人类）的集体意识的"原型"。例如"生死"、"别离"、"寂寞"、"春恨"、"悲秋"、"恋母"、"思乡"、"怀古"等。

主题和母题是紧密联系的一对概念。主题是从文本的题材、结构中抽象出来的带有主观性的思想或情感倾向。在一个具体的文本中，母题表现为主题的要素，它是词语或短语但不是一个句子，并非具体的思想，也不具有情感的倾向性。例如，有很多文本都表现"思乡"，"思乡"只是一个主题要素，亦即这些文本的母题；但落实到具体文本中，有的文本表现的是对故乡的留恋（李白《静夜思》），有的文本表现的是与故乡的疏离（贺知章《回乡偶书》），有的文本表现的是"青山是处可埋骨"的不必回乡的想法（陆游《醉中出西门偶书》），有的文本表现的是"愿得此身长报国，何须生入玉门

关"的不愿回乡的豪情（戴叔纶《塞上曲》）。同是"思乡"这一母题，但其主题可能是不同的。

一个文本通常只有一个主题或一个主旨。但一个文本中具有存在着多个母题的可能性。例如，杜甫的《江南逢李龟年》的主题是感慨世事的变迁，但在这一文本中，存在着"别离"、"春恨"、"伤逝"等多个母题（主题要素）。

很显然，母题一定会是文化传统中具有传承性的文化因子。因为它是在文学文本中反复出现的人类观念，表示它显现了该文化传统中某种共通的精神现象。也正因为如此，它才能够在文化传统中不断延续和复制，甚至成为一个社会群体的文化标识。

母题是常量，而具体文本的主题则是变量。母题是交集，对于相关文本，它是共同的；主题则是在母题之下的具体化，不同文本对母题的表现是个性化的。主题就是母题在不同文本语境中的一次次变着花样的复活。

2.《春酒》的母题与统一性

（1）《春酒》的母题。

在时间的维度上，童年是明显的母题；在对象的维度上，故乡和母亲，或思乡和念母是明显的母题。

（2）童年、母亲与故乡。

①童年与故乡。

人类的生存特点，决定了童年是与母亲和故乡紧密联系在一起的。母亲是童年时候的依凭；而"故乡"的概念是根据童年的经验建立起来的。

童年是一旦离开，就永远无法回去的地方。故乡不是地理意义而是人生意义的；和童年一样，由于"故乡"这一概念的建立依托于童年经验，一旦人离开了故乡，就永远无法再度返回。

②母亲与故乡的对应关系。

母亲与故乡的象征性对应。在一定意义上说，故乡是空间意义上的母亲，母亲是生命意义上的故乡。

故乡并不是地理意义上的。故乡不过是承载了生命早期的经验，它与童年的经验密不可分。因此，当童年远去，就注定了故乡必须失落。可以说，人类根本就没有家园，那种沉积着童年记忆的精神家园只是一种幻景。由于人有记忆，因此它是可望的；由于注定远离，因此它只能可望而不可即。人们念念不忘所谓故土，其实只是精神上的回归。

地理意义上的家乡，是能够抵达的。但人一旦真的回到那里，必将发现那份诱人且感人的诗意也随之消失了。故乡是一个我们永远回不去的地方。

母亲和故乡一样，为我们早期的生存提供庇护和温暖，累积着我们童年的人生经验。从本质上说，二者是同质的。正因为如此，思乡与念母往往带有一致性，母亲与家园、大地具有一致性。和故乡一样，母亲也在随着时间而老去并最终消失，与故乡有类似的虚幻性。

以上母题分析，说明三个母题在文化内涵上具有高度的一致性。因此主题并及三者具有统一性和合理性。

四、本文回忆性叙述的特征

文本内容特征是回忆。表达方式特征是叙述，叙述中穿插着说明。叙述的语调是平静的，这与说明的冷静性具有风格的一致性。

回忆是一种有距离的且平静的审视。

就本文的特点，下面几点是需要注意的。

第一，因存在时间距离，回忆时的情绪不会如事件发生时激切。本文语调平静安详，有平和的气象。这符合琦君认为好文章要"平易"的价值取向。

第二，回忆者为女性，在平和之中渗透着温柔与温情。

第三，回忆促使印象的净化。审美须与对象保持合适距离，需要立即叙述与表达的是新闻；需要时间积淀而表达的是文学。《长恨歌》之作，是在马嵬事件很长时间之后。本文中的情感，是一种被时间过滤、酝酿之后，没有杂质的情感。回忆是化妆师，它会汰除我们不愿记忆的部分（剪裁）。这就是琦君所说好的散文的"净化"。

第四，孩童视角是本文的叙述视角。儿童天性是单纯的，与民风民俗的淳朴特征相应。从客观事实来讲，家乡显然不可能总是绝对美好的，而儿童视角强化了其单纯性（片面的美好性）。这也是决定选材的根本性因素，同时关系到本文的"净化"特点。

让·乔诺《植树的牧羊人》

一、文本观察切入点

这是一篇写人记事的文章，主要的表达方式是叙述。至于它是记叙文还是小说，并非问题的关键。

写了怎样的人，叙了怎样的事，这是首先要厘清的。写这样的人叙这样的事究竟有什么意义，这是探究的重点。本文的故事中，"植树的牧羊人"和"我"，是两个活动主体；而故事的表现对象只是"植树的牧羊人"，"我"仅仅是植树老人的观察者和见证者。"植树的牧羊人"是本文唯一的叙述对象。在此思路下，文本分析可全部聚焦于一个最基本的问题：如何理解文本中这位植树老人的形象？

二、具体的观察与解释

1. 文本信息的关联：时间向度上的首尾呼应

解读一个文本，要充分注意到分散在文本各个部分的语义信息的关联性（响应关系）。在较为宏观的层面，可以观察到如下关联：

（1）时间的关联。

① 1913 年的旅行（第一次世界大战之前）；

② 第一次世界大战之后；

③ 1945 年 6 月。

这几个时间的关联，在宏观层面，标示出故事发展的三个环节。

（2）景象的关联。

文本前后的景象完全不同，构成了语义的反向的对比性响应关系。

①文本开端部分的景象特征分三：荒凉、缺水、无人。

荒凉——语义关联的信息包括："荒地"、"荒野"、"废弃"、"废墟"、"倒塌"、"坍塌"、"没了屋顶的房子"、"一点儿生气也没有了"等。

植被稀落或无植被，也表现了景象的荒凉。这些词语包括："光秃秃"、"稀稀拉拉"、"毫无遮拦"等。

缺水——语义关联的信息包括："从前一天晚上起，就没有水喝了"、"我确实找到了一个泉眼，可惜已经干涸了"、"继续向前走了五个小时，我还是没有找到水，连一点儿希望都没有"、"到处是干旱的土地"等。

无人——这一点显而易见。

②文本结束部分的景象特征分三：生机勃勃、有水、有人。

生机勃勃——语义关联的信息包括："生机勃勃"、"沃土"、"鲜嫩薄荷"、"活力"、"笑声"、"热闹"等。

有水——语义关联的信息包括："树林留住了雨水和雪水，干涸已久的地里又冒出了泉水"、"人们挖了水渠，农场边上，枫树林里，流淌着源源不断的泉水"等。

有人——这一点显而易见。

③对比性描述："一切都变了"。

路："我完全认不出这条我曾经走过的路了"。

空气："连空气也不一样了，以前那种猛烈而干燥的风，变成了飘着香气的微风"。

土地："昔日的荒地如今生机勃勃，成为一片沃土"。

房屋："1913 年我来时见到的废墟上，建起了干净的农舍"，"那些废弃的村子一点点重建起来"。

水源："树林留住了雨水和雪水，干涸已久的地里又冒出了泉水。人们挖了水渠，农场边上，枫树林里，流淌着源源不断的泉水，浇灌着长在周围的鲜嫩薄荷"。

人类活动："我碰到许多健康的男男女女，孩子们的笑声又开始在热闹的乡村聚会上飘荡。一直住在这里的老一辈人，已经被舒适的新生活改变了"。

整体性对比描述："这片荒漠变成了绿洲"。

（3）结论。

在时间向度上，前后景象形成对比。这种荒漠变绿洲的结果，并非自然形成的，这是植树的牧羊人持续不断努力所创造的奇迹。因此，这是为表现人物服务的。

2. 文本信息的聚合：形象向度上的人物特征

对人物相关信息的筛选和整合，有多种切入的角度。既可以逐段采集信息加以整合，也可从标题切入通过追问来逐步整合。

（1）采用从分析标题切入文本的方式，整合部分文本信息。

①从标题出发：追问与解释。

第一，牧羊人为何不是牧羊而是植树？

文本标题是"植树的牧羊人"，但文本并未写他如何牧羊，而重点写他植树。羊的食物是草料或粮食；然而牧羊人所种的不是草，也不是粮食，而是树。显然，牧羊人并非出于功利的目的而植树的。

"一战"之后，树已长高。牧羊人放弃了放羊，他说，"羊吃树苗，就不养羊了，只留下了四只母羊。他添置了一百来个蜂箱，改养蜜蜂了"。他放弃放羊、改养蜜蜂的目的，在于保护他种植的树。牧羊人爱惜的不是羊而是树。

第二，牧羊人是怎样植树的？

牧羊人为植树付出了持久而巨大的努力。

精心选种："一颗一颗仔细地挑选起来"、"他挑出了一小堆好的橡子，每一颗都很饱满。接着，他按十个一堆把它们分开。他一边数，一边又把个儿小的，或者有裂缝的拣了出去。最后，挑出了一百颗又大又好的橡子"。

仔细播种："他轻轻地往坑里放一颗橡子，再仔细盖上泥土"。

持续的、艰难的、巨大的努力："三年来，他一直这样，一个人种着树。他已经种下了十万颗橡子。在这十万颗橡子中，有两万颗发了芽。而在这两万棵树苗中，有将近一半，可能会被动物咬坏，或是因为其他原因死掉"，"这片树林分为三块，最大的一块，有 11 公里宽"。

第三，牧羊人植树的目的是什么？

树不是羊的食物，因此植树不是为了现实的功利。

没有任何文本信息表明，牧羊人是为了引人们来此居住、为了人们的"希望和幸福"而植树的。

牧羊人植树的原因，是"自己想做"。

"他决定，既然没有重要的事情做，就动手种树吧。"、"这个男人坚持做着自己想做的事。"

尽管植树的工程极为浩大艰巨，在"我"看来是"了不起的奇迹"，但牧羊人自己并不这样认为。他不觉得这件事多么重要、多么伟大，植树只是"自己想做"而已。他对坚持植树这件事是超然的、淡然的。

牧羊人植树，有一个心理背景：因极痛而变得淡然的、深藏于心的悲悯。

"原来生活在山下，有自己的农场。可是，他先是失去了独子，接着，妻子也去世了。他选择了一个人生活，与羊群和狗做伴，平静地看着日子一天天地流走。他说，这地方缺少树；没有树，就不会有生命。他决定，既然没有重要的事情做，就动手种树吧。"

这段文字意味着：牧羊人先前的丧子丧妻之痛，使得他放弃了世俗生活的一切而选择独居；他植树，是对生命满怀悲悯，希望创造生命生存的可能性。这与后文他放弃放羊改养蜜蜂也是相关的。命运给他巨大的痛苦，但他把痛苦变成了心境的平静和情怀的悲悯。

②结论。

植树的牧羊人，他植树是因为自己想要植树，是因为内心的悲悯情怀。他植树不是为了自己的生计，也不是为了他人的幸福。对植树这件事他也看得很淡，他非常超然。这一特点，可被概括为"自为的"和"悲悯的"。

（2）用采集文本信息的方式，概括人物的主要特点。

逐段采集信息加以整合，可以把尚未概括的植树老人的相关信息加以整合，得出他的核心特征——自在的。

①直接表现"自在"的语义信息。

"没有什么事能打乱他的生活。"

"这本来就是他要走的路。"

"战争并没有扰乱他的生活。他一直在种树。"

②间接反映"自在"的语义信息。

坦然自在："自信、平和"；"安静"，"这就是我们所有的交流"。

不在乎的超然态度："我以为他要来说我，嫌我一直跟着他。可是，他没有。这本来就是他要走的路。他还说，如果我没事，可以和他一起去"。

只顾植树而不在意谁获益："我问他，这块地是你的吗？他摇摇头说，不是。那是谁的地？是公家的，还是私人的？他说不知道。看起来他并不在意。他只是一心一意地把一百颗橡子都种了下去"。

安于自心，不需要交流："他还是那么沉默寡言。我们就这样静静地，在他种的树林里，转悠了一整天"。

③整个叙述主干所表现的"自在"。

文本的整个叙述，是通过"我"对"植树的牧羊人"的观察以及两人之间的互动来完成的。从故事的主干来看，可以发现"植树的牧羊人"安于自己的心、专于自己的事，表现出鲜明的自在性。这是整个叙述中不断重现的信息，具有数量优势，是文本中的主要信息。

理解这一点极为重要。借此能防止把次要信息提升为主要信息，避免本末倒置地概括出植树老人的特点。根据文本，可能出现的本末倒置的概括有：第一，"慷慨无私，不图回报"；第二，执著坚持的"毅力"；第三，信念："从没见过他有任何动摇或怀疑"。

"植树的牧羊人"有没有这三个方面的特征呢？不能说没有。但基于如下理由，仍然可以将其排除在人物的核心特征之外：

这些词语或短语，皆出自"我"的评论或感叹，而非由文本的叙事得出；在叙事进程中，文本并未对这三个方面中的任何一个方面加以凸显。

三、文本的主题

综合前面的分析可知：文本前后的景象的对比，意在表现牧羊人植树的成效。

牧羊人的整体特质，是自为和自在：整个文本，重点在叙述这位因亲人死亡的惨痛而对生命心怀悲悯的牧羊人自在地、不为别的任何人与任何利益而植树的故事。这个故事的叙述过程中，都在努力凸显其自为与自在的特质。文中两次将其与上帝关联起来："人类除了毁灭，还可以像上帝一样创造"、"他做到了只有上帝才能做到的事"，这意味着这位牧羊的植树老人具备上帝的特质，他具有神性。

这位老人并非生来就是这样的。世间的苦难和死亡，使他成为这样。他是经历了人间的痛苦与磨砺并超越了这些痛苦，在孤独中怀着悲悯，最终成为自为（for-itself）、自在（in-itself）的上帝。

莫泊桑《我的叔叔于勒》

一、文本观察切入点

本文的情节是清晰的。如何认识文本中情节所显示的意义，是进入文本的关键。

怎样才能认识小说文本所讲的故事的意义呢？我们应该知道，作为叙述性文本，小说的核心价值是扩展人生经验，拓展读者对人生世相的体察。一切涉及人类生活的叙述，都应贴近人之常情——人类生活的一般情理——进行观察、体会和认知。只有这样，我们才不是以贴标签的办法而是以同理心的方式，进入小说中人物的内心世界。

二、具体的观察与解释

1. 情节的梳理

从小说的情节构造角度梳理，沿着"开端—发展—高潮—结局"的一般思路对文本情节进行切分，这是一件简单的事。但多数小说的故事情节，都以此思路进行构造，并不能解释文本情节之特质。因此解读小说文本，需要更有效的思路。

存在两个重要的思路：第一，观察文本情节中刻意强调的信息，从而推测和分析作者构造情节的目的；第二，以同理心或同情心观照文本，从而了解情节构造的真实意图。

2. 分析文本中刻意强调的信息

"唉！如果于勒竟在这只船上，那会叫人多么惊喜呀！"这是"父亲""永不变更的话"，在文本中反复出现。这句话配合文本中"全家唯一的希望"、"我们家里的福音书"、"父亲的希望却与日俱增"等表述，在文本的前部分，一再突出了于勒叔叔是整个家庭"希望"的象征。而文本后半部，于勒叔叔作为落魄者的出场，则意味着前面的"希望"变为"绝望"，前后构成了对比性关系。在这个意义上，我们可以说，本文的主题是描述希望如何变成绝望的。

3. 以情理观照文本得到的认识

对于文本中的情节，根据一般情理，我们容易获取以下认知：

（1）一个深受贫穷折磨的卑微的家庭，能够对生活抱有希望（即使是虚幻的），不应被贬斥。

（2）寄希望于远方的、情况不明的于勒叔叔，不等于这个家庭缺乏自立意识，而更多地意味着在现实中，他们无法通过自己的努力和能力改变生活困境。

（3）人类在物质匮乏的生存困境中重视物质利益，是出于生存的需要，值得怜悯，而不应受到谴责。

（4）贫穷以至于连两个女儿都"找不着对象"，"令全家都十分发愁"，这意味着在这个社会中，贫穷会威胁最基本的家庭生活和社会伦理。

（5）由于担心"女婿起疑心"使得女儿出现婚姻障碍并且损害自身脆弱的自尊，由于自家的贫穷也无法承受于勒叔叔的"重新拖累"，不与于勒相认是情有可原的。

基于以上分析可以看出，贫穷是美好人性难以展现的根本原因。事实上，文本中反复强调的是贫穷人家与财富的关联，没有语义信息指向该家庭对亲情的刻意淡漠。

三、小说主题

显而易见，对于于勒叔叔，这个家庭的第一考量因素并非亲情，而是金钱。而其原因在于，在文本中只能观察到金钱的有无而非情感的冲突。对于一个社会生活中的贫困家庭来说，物质的匮乏，直接构成了生存的威胁，因此，担负着家庭责任的成人（父母）以金钱为考量的依据，是情理之中的事。

而对于年少的"我"而言，并未直接面对生活的压力，因此"我"的视角更倾向于人类本能的情感。文中最悲酸的一句话就是："这是我的叔叔，父亲的弟弟，我的亲叔叔。"此话的语义，直指亲情伦理，联系文本中的主要情节，它实质上提出了一个命题：为什么我们人类社会中，由于贫穷、为了生存，会出现金钱压倒亲情的现象？

这是一种冷漠的现象；而这种冷漠，情非得已。这种现象如此普遍，而又如此反常。可以说，本文的这个故事，刺破了关于亲情的温情脉脉的想象，直抵社会生活的真实：人世间并不温暖，人间真是一片充满寒意的荒凉。

小说展现人生，文学就是人学。人类行动的逻辑是"趋利避害"，人类心灵之所向却是情感的温暖。本文故事所表现的人性，完全符合人类行动"趋利避害"的一般原理；而这种行动的结果，却又背离人性对温暖的渴望。这是一种二律背反，它揭示了人性中最深刻的矛盾。文中的"父母"，看似冷漠无情，但其内心其实是痛苦的、矛盾的。这就是为什么这篇看似简单的故事，会成为一个不朽的经典。

曹文轩《孤独之旅》

一、文本观察切入点

小说的文本理解，首先要确定主要人物，然后通过观察主要人物与外部世界的互动关系来切入分析。主要人物周围的人，以及他所处的社会环境与自然环境，构成了和他相对的外部世界。

显而易见，杜小康是文本中的主要人物，对他的观察和分析是一个重点。如何切入对杜小康的观察？至少有如下两个方面：

（1）对主要人物本身的观察理解：通过情节来观察杜小康有无变化？是怎样的变化？这些变化是如何发生的？

（2）对主要人物与环境的关系的观察理解：杜小康与他所处的环境有着怎样的关系？杜小康对环境的反应说明了什么？

二、具体的观察与解释

1. 暴风雨之前的杜小康

（1）基本的心理特征："茫然"与"恐惧"。

家境由"最厚实"到"一落千丈"，杜小康失学，被逼无奈跟父亲去放鸭。这是交代故事发生的背景。

文本中前部分，主要凸显了杜小康离家放鸭的"茫然"、"恐惧"：

"茫然"——"陌生的天空和陌生的水面"，"望着一片茫茫的水"。

"恐惧"——"对前方感到茫然和恐惧"，"他害怕了"，"露出了一个孩子的胆怯"，"无论如何也不能完全驱除杜小康的恐慌"。

"茫然"和"恐惧"是相互关联的。因为环境的未知和不确定，人在感到茫然的时候同时感到了恐惧。

（2）关于"孤独"。

本文是一个选段，"孤独之旅"的标题是编者加的。

文本中的"孤独"固然是心境的，但更多的是环境的。在文本中，杜小康心境的主要特征是恐惧，而不是孤独。孤独是环境意义上的，意味着和社会的隔离或切断，杜小康"我要回家"的哭叫，父亲"无忧无虑地读书"的保证，指向的都是社会环境的回归。值得注意的是，文中通过"父子交流"来表现他们的孤独——对话变得不必要，甚至不给予眼神"双方就能明白一切"，这不是"孤独"而是"默契"。简言之，文中的孤独意味着与社会环境的隔离，"一连十多天遇不到一个人"，使得杜小康父子没有外力依靠而必须以自身的努力来面对整个世界。这种孤独中的自我奋斗，正是自我成长的途径。成长必须是"自我的"，任何他人都不能代替。

以"孤独"为杜小康的主要心理特点，这是对文本信息把握不准确造成的。芦苇荡的主要特点是无边无际的围困，是与外部社会的隔离，杜小康的环境状态是孤独的，而他的心理状态主要是恐慌。

综合上述论述可知，前期杜小康的心理特征主要是"茫然"与"恐惧"。由于家境的变化，他去放鸭而与社会基本隔离，作为人类最基本的需要之一——"安全的需要"受到威胁，导致杜小康出现了抗拒放鸭、渴望回家的心理。"孤独"的环境使他恐惧，但他不得不独自面对，独自挣扎，从而实现自我的成长。（顺便说，"孤独之旅"也许不是一个最恰当的标题。）

2. 暴风雨之中和之后的杜小康

基本的心理特征："忘我"与"勇敢"。

当孤独无法回避，成为一个只能直面的现实，杜小康的"茫然"与"恐惧"消失了。文本的这部分再也看不到他的茫然，他的念头随时都专注于他的目标（鸭子）。他心中只有目标，不再执著于那个需要与人相处的"我"，脸被割破，脚被刺破，他都不在意了。他顾不得一切，只有勇敢的挣扎和奋争。他可以哭，"但并不是悲哀"。

3. 暴风雨前后杜小康的变化及其原因

（1）杜小康的变化：成长。

如前文所分析，杜小康的变化是：从"茫然"与"恐惧"变为"忘我"与"勇敢"。

"恐惧"变为"勇敢"，这是成长。"忘我"并非"茫然"，是对过去的"我"的放下，亦即对过去的"我"的超越。这是成长的本质。因此，杜小康"想起母亲"，"想起许多油麻地的孩子"，过去的记忆依旧，但"他没有哭"，因为过去的"我"已经被改变了。

（2）变化的原因。

促成这一变化的直接原因，似乎是环境。

面对同样的环境，杜小康由逃避恐惧变成了勇敢面对。一个孤独的、恶劣的环境，使杜小康不得不挣扎。"孤独之旅"不是一次旅行，而是一场挣扎。

一切真正的成长，都是自我的"内在的"成长。环境只能是外部助缓，杜小康成长的真正原因，不是外部环境的孤独与险恶，而是这种环境激发出来的内心强烈的生存意志。他退不回过去；他也逃不开环境。在这生存的夹缝中，他的选择不是退缩而是抗争，于是，自我发生改变，他获得了成长。

三、文本的表达特征

人的成长的本质，不是年龄的增加，而是内在的改变。因此，本文在表达上显现出来的特征是：表现或暗示人物内心活动的部分很多，而表现人物发之于外的语言很少。事实上，在一个面对自我的孤独环境中，语言是多余的。

主要人物杜小康的语言，整个文本中仅有几句话："我不去放鸭了，我要上岸回家"、"我要回家"、"还是分头去找吧"、"蛋！爸！鸭蛋！鸭下蛋了！"前两句是文本前半部分的，表现的是杜小康安全感的缺失，他希望回到熟悉的社会环境中，避开眼前孤独恶劣的环境；后两句是文本后半部分的，表现了杜小康的勇敢担当和成长的喜悦。

主要人物的语言不多，但可以构成理解人物内在变化的切入口。

此外，文本中鸭的描写也有些意思。鸭在作为其"故乡"的水面上有安全感，而夜幕下作为无家漂游者面临着安全感的缺失；鸭由小鸭长大并下蛋，这也存在一个成长的过程。鸭的长大与杜小康的成长，存在着隐约的平行关系。

陶渊明《五柳先生传》

一、文本观察切入点

《五柳先生传》是一篇传记。作为一篇传记，本文具有怎样的特点，可以构成基本的观察视角。传主名字不详、生平事迹难寻，这是很明显的。于是存在文本分析的两个基本问题：

（1）既然"先生不知何许人也，亦不详其姓字"，对这一人物缺乏基本了解，如何作传？

（2）文本中几乎没有对传主生平经历的叙述，倒更近于一篇人物形象速写，这如何解释？

二、具体的观察与解释

全文分为两部分。第一部分是正文，第二部分是赞语：

> 先生不知何许人也，亦不详其姓字。宅边有五柳树，因以为号焉。闲静少言，不慕荣利。好读书，不求甚解；每有会意，便欣然忘食。性嗜酒，家贫不能常得。亲旧知其如此，或置酒而招之；造饮辄尽，期在必醉。既醉而退，曾不吝情去留。环堵萧然，不蔽风日；短褐穿结，箪

瓢屡空，晏如也。常著文章自娱，颇示己志。忘怀得失，以此自终。

赞曰：黔娄之妻有言："不戚戚于贫贱，不汲汲于富贵。"其言兹若人之俦乎？衔觞赋诗，以乐其志。无怀氏之民欤？葛天氏之民欤？

1. 传记与本文文本特质

传记是记述人物生平事迹的一种文体。传记和历史关系密切，可以被作为史料看待。一般由他人记述，亦有自述生平者，称"自传"。

（1）本文非自传。

本文是陶渊明的自传吗？不能说是自传。文本分析须严格依循文本。文本中并不存在"五柳先生＝陶渊明"这个等式，也无法通过文本信息分析和概括出这个等式。

首先，从标题来看，本文标题是"五柳先生传"，传主就是不详其姓字的"五柳先生"。

《昭明文选》中有《陶渊明传》，其中说："陶渊明，字元亮。或云潜，字渊明。浔阳柴桑人也。曾祖侃，晋大司马。渊明少有高趣，博学，善属文；颖脱不群，任真自得。尝著《五柳先生传》以自况，时人谓之实录。"

根据这段文献可以看出，对陶渊明的名和字，南朝时代的人是比较含混的。"尝著《五柳先生传》以自况"，属于推测之词。不能必然得出"五柳先生"即陶渊明的结论。

其次，从文本内容来看，文本自身的信息不能得出本文是陶渊明给自己写的自传这个结论。

根据文本，传主是五柳先生，这很明确。文中明确说："先生不知何许人也，亦不详其姓字。"而陶渊明显然知道自己是谁，也知道自己的名字。他这么写，至少意味着，他并不希望让读者觉得此文是一篇自传，明确排除了把本文传主认定为他本人的可能性。

（2）本文无生平经历。

作为"五柳先生"的传记，竟然对这位传主的生平经历、人生行事几乎没有记录。它以类似为人物造像的笔法，对五柳先生做了一个缺乏时间过程的静态的介绍。

2. 为什么没有人生过程的展现

（1）五柳先生的基本特征。

文本表现了五柳先生为人的几个方面：

①外淡内乐。

"闲静少言，不慕荣利"，这是"外淡"，对世俗交往、功利声名没有欲望。但这不等于没有志趣，五柳先生追求的是"内乐"，即内心的愉悦舒泰。"好读书，不求甚解"，说明他读书的目的是精神的满足，所以"每有会意，便欣然忘食"。外在的"荣利"不是他追求的，内在的志趣在于精神的愉悦。

②天真率性。

"五柳先生"嗜酒是出于天性。嗜酒与家贫是矛盾的，他不慕荣利，酒便"不能常得"。亲友请他吃酒，他毫无拘束，一去即饮，一醉方休，醉了就走，反映了他的坦率与真性，没有礼法的虚伪与矫情。

③安贫安心。

"环堵萧然，不蔽风日；短褐穿结，箪瓢屡空，晏如也。"这是安贫。之所以能够安贫，是因为内心有所乐，故能安然晏如。"常著文章自娱"，著文章也不是目的，而是求得内心安然的"自娱"。心能安，故能"忘怀得失"。

上述三点，总括起来可以这样说：通过五柳先生的形象，表现了一个厌弃功利、厌弃世俗、只听从内心召唤的真实的自我。

（2）为何缺乏五柳先生的生平经历。

本文的明显特征是没有五柳先生的人生过程的展开，没有对他生平阅历的介绍。在文本中，看不到五柳先生的人生的时间过程，甚至无法确定他生活在怎样的时代或朝代。作为一篇传记，这种写法是特别的。

根据上文分析，五柳先生完全活在自我之中，与社会是脱节的，因此他的人生没有在社会中充分展开就非常正常。

人物的生平行事，在社会中的奋斗或挫败的经历，在这个文本中阙如，也是符合文本主旨需要的。如果文本中存在企图实现社会价值的人生奋斗经历，这与五柳先生厌弃功利、厌弃世俗的形象会出现抵触。

传记的叙述性应该很强，但本文的叙述性弱描写性强。本文没有生平经历的展开，人生事迹几乎看不到。这就意味着，文本意图并不在于展现五柳先生的人生经历，而在于表现一种情趣、一种情怀或追求。五柳先生这个形象，与其说是陶渊明的自画像，不如说是陶渊明心目中的理想人格形象。这个形象代表着摆脱现实功利的束缚、回归心灵自由的境界，代表着超越庸俗现实的文化理想。

3. 为什么五柳先生没有姓名

文本中有两个值得注意的地方：

第一，文本是刻意不让传主的名字出现的。这里包含着道家"无名"的思想。

"先生不知何许人也"，不知此人出身和籍贯；"亦不详其姓字"，连姓甚名谁都不晓得。"宅边有五柳树，因以为号焉"，这个号是根据住处的特点而随便取的。在道家看来，"名者，实之宾也"，它只是个符号，对于事物本体而言，无关紧要。

第二，"赞曰"中的这句话是很有讲究的："无怀氏之民欤？葛天氏之民欤？"把五柳先生与传说中的远古时代联系了起来。不同于尧舜禹汤，无怀氏、葛天氏代表的是完全原初的、淳朴的境界。这也与道家返璞归真的意思相通。

综合上述两点，可以看出文本具有道家的价值取向。

三、深层意蕴分析：文化心态上的"返祖现象"

文本具有道家的价值取向，而这与五柳先生的现实生活场景存在着一定的冲突。

"衔觞赋诗，以乐其志"，"好读书，不求甚解"，"贫贱富贵"——诗与书，贫贱与富贵，这是文明发展的产物，而这些都不是无怀氏、葛天氏的远古时代的人们的概念。这就意味着，作为一个"现代人"，五柳先生在现实生活中存在着富贵和贫贱的对立选择，存在着诗书这种文明社会的知识系统，这样的时代实际已经远离了远古，五柳先生事实上不可能真正成为"无怀氏之民"、"葛天氏之民"。虽然时代已经远离远古，但这位五柳先生还在渴望回到远古，回到无怀氏、葛天氏的时代。这实际上是一种文化心态上的"返祖"现象。

这当然折射出了作者陶渊明的观念。陶渊明的眼睛是在往后看。这和《桃花源记》中表现出来的方向是一样的。他解决现实困惑的基本方式是后退。往未来看，他看不到什么，他看不到未来。他希望到过去寻求解决方案，他要回归远古时代。这是比较明显的道家的思想倾向。这里有一个矛盾，在一个很多人汲汲于富贵的时代，一个文化开化的诗书时代，五柳先生在渴望回到无功无名的淳朴的远古。这一方面折射出他对现实的不满，同时也可看出，他没有办法来解决现实中的诸多问题，回归远古成了他超越现实的方案。这种想法显然不切实际，因此我把这种现象称为"返祖"的浪漫主义。五柳先生的理想不在未来而在过去，但问题是过去再也回不去了。

四、文本主旨

统合文本信息，可以看出以下内容：

"不慕荣利"，对世俗的功利没有追求；"闲静少言"，对世俗的交往没有兴趣。

"不知何许人也，亦不详其姓字"，是无怀氏、葛天氏之民，处于"无名"状态，身外的一切都不在意，连姓名都被视为多余的符号。

五柳先生在意的是什么呢？饮酒，是率性；读书，是会意；著文，是自娱。"乐其志"，亦即让自己内心快乐，这就是他所要的全部。

可以这样简要概括这一文本的主旨：不必在意富贵名利等生命之外的事物，人应活在生命的本然状态。

陶渊明《桃花源记》

一、文本观察切入点

《桃花源记》是一篇叙事性散文。叙述了怎样的所见所闻，这些见闻与这个故事本身具有怎样的意义，可以构成基本的分析视角。于是文本分析存在两个基本问题：

（1）本文的所见所闻，具有怎样的特殊性？

（2）文中的见闻与故事，其意义是什么？

二、具体的观察与解释

文本不长，附列于下：

> 晋太元中，武陵人捕鱼为业。缘溪行，忘路之远近。忽逢桃花林，夹岸数百步，中无杂树，芳草鲜美，落英缤纷，渔人甚异之。复前行，欲穷其林。
>
> 林尽水源，便得一山，山有小口，仿佛若有光。便舍船，从口入。初极狭，才通人。复行数十步，豁然开朗。土地平旷，屋舍俨然，有良田美池桑竹之属。阡陌交通，鸡犬相闻。其中往来种作，男女衣着，悉

如外人。黄发垂髫，并怡然自乐。

见渔人，乃大惊，问所从来。具答之。便要还家，设酒杀鸡作食。村中闻有此人，咸来问讯。自云先世避秦时乱，率妻子邑人来此绝境，不复出焉，遂与外人间隔。问今是何世，乃不知有汉，无论魏晋。此人一一为具言所闻，皆叹惋。余人各复延至其家，皆出酒食。停数日，辞去。此中人语云："不足为外人道也。"

既出，得其船，便扶向路，处处志之。及郡下，诣太守，说如此。太守即遣人随其往，寻向所志，遂迷，不复得路。

南阳刘子骥，高尚士也，闻之，欣然规往。未果，寻病终，后遂无问津者。

1. 所见所闻：写了什么和没写什么

无论是诗歌还是散文，凡是描写性的部分，我们不仅要关注它写了什么，还要关注它没写什么（对可能在该环境中存在的景物或景象，文本回避了对它们的描写）；要关注它写了什么，依据写出的内容分析出缺乏什么。这样，我们就能够对文本中所写内容的表达意义，进行推测。

在桃花源里面，有些什么和没有什么，值得关注。

综合文本信息，关于桃花源里有些什么和没有什么，存在下列分析：

（1）生活场景与外部世界的一致处。

①"土地平旷，屋舍俨然，有良田美池桑竹之属。阡陌交通，鸡犬相闻。"这是农业社会中一般的农村景象。尽管土地平阔一些，房屋整齐一些，田野景象美好一些，但桃花源并不是仙界，而是一个普通的人间生活场景。

②"其中往来种作，男女衣着，悉如外人。"人们的生产生活方式，与外部世界是一致的。

结论：在生活图景上，桃花源符合农业文明背景下农村的一般特征，并不存在与外部世界不同的地方。

（2）桃花源里与外部世界的不一致处。

①有安宁，没有战乱——"黄发垂髫，并怡然自乐"，说明这里老少皆能各得其所，生活安宁。"乃不知有汉，无论魏晋"，说明这里没有经历改朝换代的战乱，生活安宁。

②有和谐，没有争斗——"便要还家，设酒杀鸡作食"、"余人各复延至其家，皆出酒食"，说明人情美好、风俗淳朴。

③有劳作，没有权力——"其中往来种作……悉如外人"，过着耕种生活；"乃不知有汉，无论魏晋"、"此人一一为具言所闻，皆叹惋"，桃花源对外部世界的改朝换代等事项感叹惋惜，说明这里没有权力压迫和权力斗争。

（补充一点，根据《桃花源诗》，这里也没有教育，没有文明："虽无纪历志，四时自成岁。怡然有余乐，于何劳智慧？"这里有季节而没有历史，有快乐而没有劳心之累。）

结论：桃花源与外部世界的不同在于，这里是安宁、和谐的，没有战乱争斗，也没有权力压迫。

（3）综合上述分析得出结论。

本文所表现的，仅仅是一个安宁和谐的农业社会生活景象。在这里，人们的劳动与生活方式与外部世界并无不同。所不同的是，这里没有权力的更迭，没有社会的动乱，如此而已。我们很难说这是一个所谓的理想社会——这是一个可怜的理想；这个"理想"并未设想出一种更好的生产和生活方式：它仅仅立足于现实社会，仅仅指望这个社会没有动乱，只要能够安宁地、不受打扰地生活，这就够了。

2. 时间、空间和心态：一个静止封闭的世界

桃花源在时间与空间特性上，显示出时间上的静止和空间上的封闭。桃花源中的人，在心态上也显示出拒斥外部世界的特征。

（1）时间上的静止。

"问今是何世，乃不知有汉，无论魏晋。"桃花源里的时间仿佛是不流动的。"问今是何世"，在这里，没有朝代变迁，也相应地没有"晋太元中"这样的时间概念。正如陶渊明《桃花源诗》所说，"草荣识节和，木衰知风厉。虽无纪历志，四时自成岁"。在这种以农耕满足全部生存条件的情况下，自然的节奏就是人的节奏，"历史"是个多余的概念，生活就是单调地在季节轮替中无限重复。

（2）空间上的封闭。

桃花源在空间上的封闭是显而易见的。

渔人"缘溪行，忘路之远近"，暗示与外部世界的空间距离比较遥远；渔人越过桃林抵达小口，穿过"初极狭，才通人"的山洞才发现桃花源，说明这里与外部世界是充分隔离的。渔人引导太守所派的人"寻向所志，遂迷，不复得路"，也充分证明了这里是相当封闭、难以寻觅的。

（3）桃花源中人的心态。

桃花源中的人们，对外部世界是拒斥的。

封闭在桃花源中的人，对外部世界的情形并不了解。当渔人进入，他们谈及"先世避秦时乱，率妻子邑人来此绝境"、"遂与外人间隔"的渊源，说明他们知道外部世界的存在；但是，文本中看不到他们有了解外部世界的愿望。在渔人离开之前，"不足为外人道也"的告诫，更明确地表明他们拒斥外部世界的心态。他们希望始终与外部社会隔离。

这种心态的原因，在文本中有揭示。对外部社会中的朝代更迭，对"此人一一为具言所闻"，表示"叹惋"，说明桃花源中的人不愿与外部世界发生联系，既是基于来自先世的对动乱的恐惧记忆，也是出于对安宁的桃源生活被打扰的忧虑。

（4）结论。

时间、空间和心态上，桃花源是一个静止封闭的世界。这实际上折射出安全感的匮乏。

静止意味着不变动。封闭意味着不受打扰。拒斥外部世界，意味着安全感的缺乏。整体而言，透过全文所有分析，可知文本意在表现对安宁的、安全的、和谐的、不受打扰的生活的珍惜与渴望。

这也是全文的主题结论。

3. 渔人和南阳刘子骥

渔人是桃花源的见证者，是外部世界中唯一参与本事件的亲历者。但渔人不是叙述者。本故事采用的是全知视角的叙述。

作为一个捕鱼的人，"忽逢桃花林，夹岸数百步，中无杂树，芳草鲜美，芳草鲜美，落英缤纷，渔人甚异之"，因而"欲穷其林"，说明渔人是一个好奇的人。在文本中，他首先作为叙述者的"耳目"，亲自经历了桃花源里的故事。但文本后半部分，桃花源中的人叮嘱"不足为外人道也"，渔人出来后却"处处志之"，"诣太守，说如此"，明显地背信弃义。

渔人何以如此？是因为他是桃花源外部的现实社会中的人，他的意识和观念是属于外部社会的。因此渔人的背信弃义，与外部的现实社会有关。这似乎暗示，外部社会是不讲信义的，是堕落的。这与桃花源格格不入，桃花源与外部社会分属不同世界，因此"遂迷，不复得路"，就是一个正常的结局。

南阳刘子骥，"规往"而不果，是写"太守不得"之后，"高尚士亦不得"。通过世间权力去寻找桃花源，找不到；好游山泽的隐者有意去找，却死掉了。这两次寻而未遂，使得桃花源完全与外部世界隔离开来，彻底成为不可抵达的"绝境"。

苏轼《记承天寺夜游》

一、文本观察切入点

《记承天寺夜游》是一篇写景记事的小品散文。散文的"形－神"关系，可以构成基本的观察切入点。而本文篇幅太短，"形"的部分并不复杂。文章短短85字，虽未分段，但不难看出：本文叙事、写景、抒情三种表达方式所表达的内容，分别构成了三个意义单元：行动、观察、感想。通过对这三个意义单元的分析，来切入对文本主旨（"神"）与"形－神"关系的探究，是一个合理的解析视角。

二、具体的观察与解释

全文甚短，列出文本再给出解释：

> 元丰六年十月十二日夜，解衣欲睡，月色入户，欣然起行。念无与为乐者，遂至承天寺寻张怀民。怀民亦未寝，相与步于中庭。庭下如积水空明，水中藻、荇交横，盖竹柏影也。何夜无月？何处无竹柏？但少闲人如吾两人者耳。

1. 人物行动——寂寞的夜游者

第1—3句主要是描写月夜人的活动，用题目中的相关词语来诠释，便是"夜游"二字。除此之外，还交代了夜游者（苏轼、张怀民）以及两人此时共同的境况——寂寞之"闲"。

虽说看见月色而"欣然起行"，但"念无与为乐"，已可看出孤单寂寞的处境。"怀民亦未寝"，说明这位住在寺院里的张怀民也有心事而未眠。

到"相与步于中庭"，转入对景物的描写，而对人物行动的叙述，至此戛然而止。夜游者如何"相与为乐"，没有下文；夜游者有无交谈，没有下文。这场夜游是沉默的。这种沉默，恰好对应着夜游者心情的寂寞。

2. 景物描写——感觉之"实"与本质之"虚"

第4句话："庭下如积水空明，水中藻、荇交横，盖竹柏影也。"摹状月色，自然高妙，千古卓绝。

景物特征：空明，空幻。

写庭下月光，以"积水空明"为喻，表现了月光的空明。而此句所写的主要景物是"竹柏影"，影子本无实体，其特点是"空"。以有形的"积水"喻无形的月光，庭下本无积水而似有积水，"积水空明"与"水中藻、荇交横"，都是幻景，其特点是"幻"。合起来说，景物的特征便是"空幻"。

在感觉的世界中，"积水"、"藻荇"，栩栩如生，似乎是实有的；但在真实的世界中，"积水"、"藻荇"都非真正实有，是空幻的。眼前本无"积水"、"藻荇"，是人的感觉无中生有地创造了一个存在的幻觉。

这里的写景很特别，写的景是佛寺的景，表现的是佛教的观念——我们感觉中自以为真实的世界，其实不过是一种幻觉。借着景物"空幻"的特征，确认了"世界的虚幻性"。

为何要如此写景？这和前文叙述中的"寂寞"是一脉相承的。既然世界是空幻的，那么寂寞、痛苦也都是空幻不实的；认识到寂寞、痛苦是空幻不实的，那么我们也就从寂寞、痛苦中解脱了。因此，这句景物描写，正折射出作者内心看淡看空的超脱感。

3.文末感想——从现实到境界："闲"的多层次

（1）句子的语义。

"何夜无月？何处无竹柏？但少闲人如吾两人者耳。"

"但（只是）"表示转折。前句"月"、"竹柏"代表的是客体世界；后句"如吾两人者"代表主体世界的"闲人"。客体世界是一样的，但主体的心灵世界不同。

（2）"闲人"之"闲"。

①作为现实境况的"闲"。分二：月夜无事之"闲"；被闲置的"闲"。

月夜无事之"闲"：这是自由的，可以自主的，所以有月夜访友赏景之举。

被闲置的"闲"：这不是自己所能操控的，是不得不接受、且不能被自己改变的现实。这是不可超越的。根据文末，"但少闲人如吾两人者耳"，把"吾两人"放到了社会的对立面，暗示了"吾两人"在社会中被闲置或被弃置的处境。

②作为心境的"闲"。分二：落寞之"闲"；看空世相的超脱之"闲"。

落寞之"闲"：这是不得已的。解衣欲睡而未睡，深夜佛寺访友，可见心境之孤寂，亦可见其内心之挣扎（企图在落寞中寻找温暖）。

看空世相的超脱之"闲"：从写景部分看得出来。写景空幻，投射出看淡看空的超脱感，这是一种悟境。

从心境的角度看，落寞之"闲"到超脱之"闲"，是文本中情感变化之主线，表现了心灵境界的跃迁。

三、主题结论

统合上述分析，月夜无事之"闲"，是与被闲置的"闲"紧密联系在一起的，是现实的境况。访友赏月之"闲"，实际上是基于闲置的落寞。人被闲置而"无与为乐"，故在落寞中月夜访友，欲享赏月之"闲"。而自身落寞之"闲"，因看空世相而得领悟，故得超脱之"闲"。这就是本文的基本脉络。

在落寞中把世事看空，领悟到世事的虚幻，从而使得心境多了一层在落寞之外的闲淡超脱。这就是本文的主题结论。

四、背景信息：作为佐证的文本外的传记材料

文本分析必须立足于文本，让文本自身来说话。对文本的所有解读结论，都应严格依据文本内的信息得出。

文本解读完成之后，传统的"知人论世"的传记批评才能登场。在文本解读中，文本始终是第一位的；而相关的文学史资料，则可以作为文本解读结论的旁证。引用史料，联系苏轼被贬黄州的这一段经历，可以作为旁证对以上主题结论进行验证。

史料显示，苏轼遭遇"乌台诗案"，于宋神宗元丰三年（公元 1080 年）被贬黄州，至元丰七年（公元 1084 年）调离。黄州的四年生活，用他在《安国寺记》里所说："得城南精舍，曰安国寺，有茂林修竹、破池亭榭。间一二日辄往焚香默坐，深自省察，则物我相忘，身心皆空，求罪始所生而不可得。一念清净，染污自落；表里像然，无所附丽。私窃乐之。"（林语堂《苏东坡传·东坡居士》）

元丰六年（公元 1083 年）那个"被贬"赋闲的夜晚，无事可办、无处

可游的苏轼"解衣欲睡"，睡觉成为别无选择之举；虽有"欣然起行"的短暂的期待，转瞬即至的却是"念无与为乐者"的心灵的寂寞；"遂至承天寺寻张怀民，怀民亦未寝"，此时此地的苏轼完全无处可去，只有寻觅当时同样贬谪身份的张怀民，"同是天涯沦落人"，才能懂得这份同样的失望和落寞。但这份寂寞之所以很快能够被排遣、被超脱，是因为黄州时期的东坡居士，从佛教思想中找到精神支柱，学会了沉静地看待万事万物。"在他四十岁以后，在黄州时，他才精研佛学。黄州的几个和尚成了他最好的朋友。"（林语堂《苏东坡传·诗人、名妓、高僧》）

另一角度，读苏东坡在黄州留下的名作《念奴娇·赤壁怀古》、前后《赤壁赋》以及《记承天寺夜游》，无论是"人生如梦"的感慨，还是"是造物者之无尽藏也，而吾与子之所共适"的豁达，还是本文"但少闲人如吾两人者耳"的超脱，皆可印证这一时期他宁静淡泊的心态和超然豁达的人生态度。苏辙说："苏轼谪居于黄，杜门深居，驰骋翰墨，其文一变，如川之方至，而辙瞠然不能及也。"所谓"其文一变"，就是人们常常谈到的"旷达"。而"悄然而悲，肃然而恐，凛乎其不可留"的感觉，其"多情应笑我，早生华发"的感慨，也可看到他内心的纠结。被贬的落寞和领悟的旷达纠结在一起，可以说是苏轼黄州时期创作的总体特色。《记承天寺夜游》，也正是如此。

张岱《湖心亭看雪》

一、文本观察切入点

读《湖心亭看雪》，能明显看出这是一篇写景记事的小品散文。散文的"形－神"关系，可以构成基本的观察切入点：

（1）本文的主旨（"神"）是什么？

（2）本文的"形"（材料、材料的表达与组织）具有怎样的特征？

（3）从"形－神"关系角度来考虑，"形"与"神"具有怎样的关联性或一致性？

二、对文本主旨（"神"）的观察和分析

全文甚短，列出文本再给出解释：

> 崇祯五年十二月，余在西湖。大雪三日，湖中人鸟声俱绝。是日更定矣，余拏一小船，拥毳衣炉火，独往湖心亭看雪。雾凇沆砀，天与云与山与水，上下一白。湖上影子，惟长堤一痕，湖心亭一点，与余舟一芥，舟中人两三粒而已。
>
> 到亭上，有两人铺毡对坐，一童子烧酒炉正沸。见余，大喜曰：

"湖中焉得更有此人！"拉余同饮。余强饮三大白而别，问其姓氏，是金陵人，客此。及下船，舟子喃喃曰："莫说相公痴，更有痴似相公者！"

1. 对景物的观察和阐释

第一段主要是描写雪景。

（1）景物特征：世界的寒冷、沉默和孤寂。

寒冷："大雪三日"、"拥毳衣炉火"，说明很寒冷。

沉默："大雪三日，湖中人鸟声俱绝"，不从视觉而通过听觉来写大雪，表现的是世界的沉默。

孤寂："是日更定"之时而"独往湖心亭看雪"，表现人的孤独；"一痕"、"一点"、"一芥'、"两三粒"，以人类的渺小衬出寒冷世界的广大。

（2）词语的意义响应。

"人鸟声俱绝"、"独往湖心亭看雪"、"惟长堤一痕"。"俱"、"独"、"惟"，三个虚词形成关联，突出了世界的沉默和人的孤独。

2. 对人物的观察和阐释

第二段主要是描写人的活动。

（1）观察点：内容的转移或变化。

第一，标题为"湖心亭看雪"，本段不是看雪而是看人，内容发生转移。从看雪转为看人，必与主题相关。

第二，湖中人物的出现，对第一段"湖中人鸟声俱绝"和"独往湖心亭看雪"构成了消解：既有对话，则有声音；既有人在，则不再"独"。

由此须分析：金陵人的出现对于表达主题有何作用；他的出现是否消除了"余"之"独"。

（2）孤独依旧："余强饮三大白而别"。

"余"遇到金陵人，喝了三杯酒就各走各路。客居于此的金陵人和"余"之间并无多少言语。二人交流无多，也不必交流——因为那种寂寞痛苦不是交流能够消解的。（分析见下）

（3）为什么金陵人更"痴"？

第一，关于"痴"的语义。

"痴"的繁体是"癡"。《说文解字》："癡，不慧也。从疒，疑声。""疑"是声旁也是形旁，表示困惑无知。"痴"就是心智有障碍，愚笨或无理性。

"莫说相公痴，更有痴似相公者！"句中的"痴"，语义是一样的。舟子并不理解"相公"和"金陵人"内心中深刻的孤独痛苦，在他看来大雪寒夜去湖中是荒谬的。

第二，关于金陵人"痴"的原因。

文中有句话很特别："问其姓氏，是金陵人，客此。"

"问其姓氏"，而对方的回答并非姓氏，而是"金陵人"，并作了一个追加回答："客此。"暗含的信息是：姓氏不重要；而刻意点明籍贯与客居状态，是重要的。

金陵是明初开国的都城。而本文开头点出"崇祯"，这是明末。在这个王朝的末世，这位出身帝都的金陵人流落杭州，在这个大雪寒夜来到了湖心亭。金陵人的流落，代表了王朝的衰落；金陵人湖上饮酒，折射出个人流落与时代没落的双重哀痛。"余强饮三大白而别"，并无多话，因为这种哀痛不是语言能够化解的。

第三，关于二人之"痴"的区别。

"更有痴似相公者"，说明二人皆"痴"，而程度有别，后者甚于前者。

"余"是孤独的、沉默的。而"余""拥毳衣炉火"去看雪，强调了御寒措施，说明多少带着几分赏雪的态度。

文本写"金陵人"，并未说他是来赏雪的。值得注意的是"拉余同饮"

的行为。二人素昧平生，拉一个陌生人一起饮酒，凸显了他向他人倾诉的愿望之强烈。为什么会这样？根据前面的分析，是因为他内心有着身世与时代的双重哀痛。

可这样描述二人之"痴"的区别：相公之"痴"，是闷。金陵人之"痴"，是痛。"余"是寂寞失望，无话可说，他对世界的态度是"避"。金陵人拉"余"喝酒，是很想说而无可说处，他对世界的感觉是"痛"。

3. 基于文本内容的主题结论

崇祯，明朝将亡的前夜，这个王朝开国都城金陵的某个人，流落到了天地皆白的湖心亭的雪夜中。

第一段写景，景是寒冷的、沉默的，是没有色彩的。第二段写人，人是孤独的、痛苦的，没有一个是欢乐的、张扬的。景与人的共性，如果用一个字来说，就是"冷"。如果换两个字来说，就是"濒死"。这景沉默着，这人沉寂着，这个时代，在天寒地冻的孤寂之中，不再有一丝活力了。

综合本文的写景部分和记事部分，可以这样描述本文主题：表现王朝末年的遍地冷寂、沉默、痛苦和绝望。

三、对"形"与"形－神"关系的简单分析

1."形"的特征

（1）"形"的跨度。

标题为"湖心亭看雪"，而到了湖心亭，所看的不是雪，而是人。内容的转移，使得材料具有跨度。

（2）"形"的描写。

"天与云与山与水，上下一白"，叠用三个"与"字。"与"字夹入，暗

含着对观察对象相继改变的强调，较之"天、云、山、水，上下一白"，多了一层努力分辨哪是天、哪是云、哪是山、哪是水的意味——而努力分辨的结果是"上下一白"，于是更突显了天、云、山、水之间的混茫与单调。

"长堤一痕"、"湖心亭一点"、"余舟一芥'、"舟中人两三粒"，数词的反复使用，一方面扣住了大雪的遍覆与天地的浩渺，一方面折射出了人心境的单调与落寞。而"痕"、"点"、"芥"、"粒"等量词，由"线"而缩为"点"，映衬出人在天地之间的渺小与孤独。

2."形－神"关系

小品，贵在以咫尺见万里。本文主题表现十分含蓄隐晦，文笔简约而意蕴深远，是基本特征。

写景部分：景物特征与心境，具有高度的一致性。景物表现了世界的寒冷、沉默和孤寂，而这也正是心境的投射。

写人的部分：如果没有金陵人的出现，主题不可能拉出一个时代的纵深。王朝末世的荒凉和痛苦，必须依托金陵人的出现。若无金陵人，这个文本最多只能表现文人雅士的孤独、落寞的感受。

宗璞《紫藤萝瀑布》

一、文本观察切入点

《紫藤萝瀑布》是一篇写景抒情的散文。根据散文的文体特征，需要围绕"形－神"关系来进行分析；而这篇散文比较短小，可以作为一个信息筛选、信息整合的案例来讨论。由此可以确定两个切入点：

（1）"形"的观察：通过对文本信息的分类梳理，能否准确看出"形"（景物描写等）中所含的"意"（思想情感内涵）是什么？

（2）本文的主旨（"神"）是什么？通过分析"形－神"关系来判断："形"是否充分聚焦于"神"，是如何聚焦于"神"的？

二、具体的观察与解释

1. 背景信息

"它带走了这些时一直压在我心上的焦虑和悲痛，那是关于生死谜、手足情的。""我"是在这样的心理背景下来观看、感受紫藤萝瀑布并展开思考的。

2. 在这种背景下看到紫藤萝的感受

相关语义材料的梳理：

（1）紫藤萝的生命特征信息："生的喜悦"。

生命的磅礴："不见其发端，也不见其终极"。

生命的欢乐："在欢笑"、"在和阳光互相挑逗"、"像一个忍俊不禁的笑容，就要绽开似的"。

生命的活力："辉煌的淡紫色"、"仿佛在流动"、"在不停地生长"、"一串挨着一串，一朵接着一朵，彼此推着挤着，好不活泼热闹"、"'我在开花！'它们在笑。'我在开花！'它们嚷嚷"、"像是一个张满了的小小的帆"、"闪光的、盛开的藤萝"。

表现紫藤萝生命活力的部分，在信息数量上占据压倒性优势。这部分扣住"生"字展开。生命的喜悦的基础，是生命的活力；而紫藤萝这种有活力和喜悦的生命，显得磅礴浩大。

（2）紫藤萝的精神特征信息："精神的宁静"。

环境的寂寞："春红已谢"、"没有赏花的人群，也没有蜂围蝶阵"。

精神的自在："这里春红已谢，没有赏花的人群，也没有蜂围蝶阵。有的就是这一树闪光的、盛开的藤萝"。

环境的寂寞正凸显了精神的自在。花时已过，无蜂无蝶，无人观赏，但紫藤萝毫不挂怀，只顾自在盛开。

3. "精神的宁静"和"生的喜悦"对焦虑与悲痛的抑制

"它带走了这些时一直压在我心上的焦虑和悲痛，那是关于生死谜、手足情的。我沉浸在这繁密的花朵的光辉中，别的一切暂时都不存在，有的只是精神的宁静和生的喜悦。"

"精神的宁静"和"生的喜悦"抑制了"焦虑与悲痛"。而这种"焦虑与悲痛"是关于"生死谜、手足情"的，如此则须分析其如何关联。从语义的关联上来分析，可以知道：

表现紫藤萝的活力，是与"生死谜"相关的；表现紫藤萝的欢乐，是与"焦虑与悲痛"的情绪状态相关的；描写对象是作为生命群体的"紫藤萝瀑布"而非单朵的紫藤萝花，展现生命的磅礴，意图表现生命个体之间的联结，是与"手足情"相关的。

但它们的相关度还不够。紫藤萝的活力是展现"生"的状态、"生的喜悦"，并不能充分揭示"生死谜"的谜底。很多紫藤花组成的"紫藤萝瀑布"展现生命个体之间的联结，关乎"手足情"，但文本并未充分描写各个花朵之间的关系，这使得"手足情"与"紫藤萝瀑布"之间的关联度较弱。

4. 在这种背景下所引发的思考

（1）对时代的省思。

时态与状态的差异——紫藤萝的繁盛与稀落形成显著的对比。

"十多年前"家门外的紫藤萝——这是联想。

这株紫藤萝的基本特征是："稀落"（不繁盛）、"伶仃"（孤单）。

其主要行为是"试探"，意味着不能自主、自由地开放。

有这样的行动、表现出这种生命状态的原因是："那时的说法是，花和生活腐化有什么必然关系。"花不被视为生命活力的展现，而被认为是生活的腐化或生命的堕落。

如今生命状态的恢复："过了这么多年，藤萝又开花了，而且开得这样盛，这样密。"时代的变化带来紫藤萝的再度繁盛。

由此，这部分内容是对"十多年前"的时代和时代观念所作出的反省与揭露，也是对当前时代的歌颂。根据文本内所呈现的写作时间，"十多年前"是20世纪70年代前后，即中国的"文化大革命"时期。

（2）对生命的思考。

①生命的无限性。

"花和人都会遇到各种各样的不幸，但是生命的长河是无止境的"，只从句意角度看，包含两种可能的意思。第一，作为个体生命，会遇到各种不幸，但它自身有机会在生命长河中顽强生存下来。第二，个体生命会遇到各种不幸，但作为生命整体，它是无止境的。根据文意，以第二种为妥，因为它和本段的整体文意构成一致性的响应关系。

②生命的整体性。

"它是万花中的一朵，也正是一朵朵花，组成了万花灿烂的流动的瀑布"，意思是个体生命是整体生命中的一个分子。这与"生命的长河是无止境的"语义相关，也和"生死谜、手足情"的"焦虑与悲痛"相关——生命个体存在着生死是无所谓的，因为生命的整体不会终结。

③二者关系：整体性与无限性的统一。

生命的无限性基于生命的整体性。个体生命是有限的，只有作为一个整体，生命才可能是无限的。

（3）粘合度：对时代的省思与对生命的思考。

对时代的省思，主要结论是社会不应妨碍和压制生命的自由。对生命的思考，主要触及生命的无限性与整体性。二者之间必须粘合紧密，才能聚焦，形成文本主题。

社会或时代不应妨碍和压制生命的自由，与生命的无限性和整体性粘合度不高。

既然"生命的长河是无止境的"，生命是无限的，那么，社会或时代对生命的压抑作用，就是有限的和可以被忽略的。

在文本中，生命的整体性与无限性被社会压抑，二者之间则更缺乏足够的关联。生命是否会被社会和时代压抑，与生命是否作为整体没有关系。

5. 主题的推导与诠释

（1）语义之间的响应。

写景重点突出了紫藤花开的蓬勃，凸显了生命活力。这与十多年前紫藤"试探"着开的伶仃，形成了对比性的响应关系。

十多年前的花为什么开得伶仃甚至最后不再开放（"后来索性连那稀零的花串也没有了"）？因为那时候的说法是，"花和生活腐化有什么必然关系"。当时的时代使得紫藤花不能、不敢自主自由地开放，而如今可以自在地盛放。时代的对比，可以推导出一个结论：要让生命为自身而自在地绽放，不要干预，应给生命以自由的空间。

文本同时写到此时花开"春红已谢"，无人赏花乃至无蜂无蝶的情形。这与上述结论是能够达成统一的。无人欣赏的寂寞，对生命并不构成妨碍；只要生命能够自由自在，它就能够尽情释放自己。

当生命能够自由自在地绽放，那么生命就能自发地显现出蓬勃流动、生生不息的生命活力。由此也可与"生命的长河是无止境的"相呼应。

从文本的主体内容来观察和分析，上面推导出来的结论，可以被认定为文本的主题结论。

（2）"生死谜、手足情"。

"生死谜、手足情"能统一到上述主题结论之下吗？

"生死谜"与上述主题结论存在一定的关联。紫藤萝瀑布让"我"感到"精神的宁静和生的喜悦"，"别的一切暂时都不存在"，超越了对死亡、疾病等的焦虑。"生死谜"是一个哲学问题而非社会问题，因此紫藤十多年前与如今对比鲜明的生命状态也可以说涉及"生死"主题，但时代的差异性或可影响到个人的"生死"，却并不足以揭示出"生死谜"的谜底是什么。

紫藤萝瀑布是由很多朵紫藤花构成的群体性意象。每一朵紫藤花之间，其关系可以被诠释为同根而生的"手足"。紫藤十多年前与如今的生命状态对比鲜明，本质上是一个揭露旧时代、歌颂新时代的主题。由于"花和生活腐化有什么必然关系"的认知导致花被威胁而不敢自由开放，这与"手足情"并不存在任何逻辑上和事理上的关联。因此，"手足情"是与上述主题脱节的。据此可知，"手足情"是文本的"杂音"，属于写作的瑕疵。

三、基本结论

第一，根据上述分析，基于文本占据信息优势的主要内容，可以确认本文的主题：要让生命为自身而自在地绽放，不要干预，应给生命以自由的空间。

第二，该文本非常讲究条理，依次展现了作者的"观"、"感"、"思"，次第分明。文本首尾，形成了明显的呼应关系（"我不由得停住了脚步"、"我不觉加快了脚步"）。

第三，文本既表现了生命自由的主题，也掺杂着对生命的无限性、整体性的思考，还提及"生死谜、手足情"，使得文本焦点有所游移。作者想说的太多导致了意涵的复杂性；而这种复杂性导致了文本的失控。结合第二点可以看出：本文比较讲究技法，企图往深处开拓文本意涵但未能圆通，因此我认为此文习作味较浓，够不上一个成熟的经典性散文范本。

王鼎钧《那树》

一、文本解析视角

《那树》是一篇以描写和叙述为主的散文。文本中描写的对象，就是"那树"；叙述的事情很简单：一棵在自然中存在了很久的树，曾经给人以很多的恩惠的树，随着城市的发展进程，最后被人们无情地摧毁。

任何文学类文本，被理解的基本标志，是其主题被合理地解读出来。作为散文，"形散神聚"是基本特征，分析本文的"神"（主题）是什么，"形"是如何聚合在"神"之下的，是基本的分析视角。

二、文本的主题

1. 基于宏观观察的主题推测

在主题未明的情况下，我们对文本的主题尚无定论，此时可以在宏观层面观察文本，对主题提出推测性的预设。假如这种推测能够被进一步分析确认，那么这个推测可以成为定论；假如不能，那么我们必须调整此前的推测，作出新的主题预设。

从篇幅的长度来观察，文本前面较短的篇幅，写大树给人精神上的和生活上的荫庇。随后的主要篇幅，是写人摧毁这棵树的过程。从信息量的多少来说，大量信息指向人类毁树的过程，这意味着文本主题很可能是表现人类对那树的残酷。由于文本前面部分强调了那树对人类的恩惠，因此对文本主题更准确的描述可能是：通过"那树"的遭遇，表现现代城市化进程背景下人类对"那树"（自然）毫不留情的忘恩负义。

2. 对主题的合理性分析

这一主题描述，其合理性在于，它能有效粘合文本内所有信息，使其成为一体，对文本作出有效阐释：

（1）能够对整个文本主干上的信息作出合理阐释。

前面部分的几段中，那树对人类的恩惠包括：

①对人的心灵构成了支撑："坚固稳定"，"陆上台风紧急警报声中，总有人到树干上漩涡形的洞里插一炷香"，成为人们精神上的信仰和安慰。

②给人阴凉："在夏天的太阳下挺着颈子急走的人，会像猎犬一样奔到树下，吸一口浓阴"，"坚固的大树"遮挡了夏天的烈日。

③给人的生活提供合适的环境："于是鸟来了，鸟叫的时候，几丈外幼儿园里的孩子也在唱歌"，"于是情侣止步"。

后文中则主要表现了随着城市化进程，那树的存在已不能满足人们的利益，"那一片清阴不再有用处"，最终导致了它被摧毁。文本以特别精细的笔触，描述了那树被摧毁的整个过程。这一过程中，努力凸显了人类的无情和残忍。

①人类不怀好意的功利性算计："那树被工头和工务局里的科员端详过计算过无数次"。

②人的抱怨与树的"多余"：司机乘客"焦躁恼怒"的抱怨；公共汽车站、水果摊、幼儿园的搬迁；"那树，冒死掩覆已失去的土地，作徒劳无功的贡献"。

③人的过失与树的无辜受戮："喝醉了的驾驶者"撞树而死，于是"宣

判那树要偿命"。

④人类对那树的无情：作为"树的亲戚"，清道妇也毫无怜悯而只是利益算计，"估计根有多大，能分裂成多少斤木柴"。

⑤人对那树竭力斩草除根："汗水超过了预算数，有人怀疑已死未朽之木还能顽抗"，"更没人知道几千条断根压在一层石子一层沥青又一层柏油下闷死"。

文本的主干性叙述，前后形成对比：那树曾经给人种种恩德，而当那树在城市化进程中不再符合人类的利益，人类对它实施了极为无情的忘恩负义的摧毁。

（2）能够使文本中的次要信息获得合理有效的解释。

散文文本的主题，作为"神"，必须能够对所有"形"的部分进行合理解释，使得分散于文本各个部分的"形"，都能聚合于主题之下。

①"于是情侣止步，夜晚，树下有更黑的黑暗；于是那树，那沉默的树，暗中伸展它的根，加大它所能荫庇的土地，一厘米一厘米地向外。"

"但是，这世界上还有别的东西，别的东西延伸得更快，柏油路一里一里铺过来，高压线一千码一千码架过来，公寓楼房一排一排挨过来。"

这是凸显那树生长的缓慢和城市化进程的迅速。

值得注意的是，那树的生长，"一厘米一厘米地向外"，目的是"加大它所能荫庇的土地"，用心良善，意图给人类带来更多的利益。这有助于凸显后文人类摧毁那树的残酷，表现人为了利益的忘恩负义。

②"啊，啊，树是没有脚的。树是世袭的土著，是春泥的效死者。树离根，根离土，树即毁灭。它们的传统是引颈受戮，即使是神话作家也不曾说森林逃亡。连一片叶也不逃走，无论风力多大。任凭头上已飘过十万朵云，地上叠过二十万个脚印。任凭那在枝丫间跳远的鸟族已换了五十代子孙，任凭鸟的子孙已栖息每一座青山。"

凸显"那树"的悲剧感，增强其被砍伐的悲剧性。那树不但庇护了人类，也庇护了自然界中的其他生灵，但它却面临被摧毁，而且它无法逃亡，只能"引颈受戮"。这样，就更加突出了人类忘恩负义毁树的残酷。

③"一个说，昨天早晨，她扫过这条街，树仍在，住在树干里的蚂蚁大搬家，由树根到马路对面，流成一条细细的黑河。她用作证的语气说，她从没见过那么多蚂蚁，那一定是一个蚂蚁国。她甚至说，有几个蚂蚁像苍蝇一般大。她一面说，一面用扫帚划出大移民的路线，汽车的轮胎几次将队伍切成数段，但秩序毫不紊乱。对着几个睁大眼睛了的同伴，她表现出乡村女子特有的丰富见闻。老树是通灵的，它预知被伐，将自己的灾祸先告诉体内的寄生虫。于是弱小而坚韧的民族，决定远征，一如当初它们远征而来。每一个黑斗士离巢后，先在树干上绕行一周，表示了依依不舍。这是那个乡下来的清道妇说的。这就是落幕了，它们来参加树的葬礼。"

这部分主要是以蚂蚁来反衬人类的忘恩负义。那树庇护过蚂蚁，蚂蚁们"在树干上绕行一周，表示了依依不舍"，来"参加树的葬礼"，说明蚂蚁懂得感恩。而那树"预知被伐，将自己的灾祸先告诉体内的寄生虫"，在生命的最后关头仍然在庇护生灵，进一步表现了那树对生命的荫庇的恩德。

（3）能够对标题的内涵作出合理的诠释。

"那树"是本文标题。是"那树"，而不是"这树"，也不是"树"。

作为一个远指代词，"那"凸显了树与人类的距离。人对于树，不是把它当作一个和自身一样的生命来看待的；即使是人自身犯错误撞树而死，人们也是责罚那树而非自我反省。人们把人命看作是"命"，而没有把树的命看作是"命"。人类对树是毫不留情的。

对"那树"不念其恩，不惜其命，深层的原因就在于人类把"那树"作为一个异己来对待，而非作为一个对己有恩的生命来对待。

因此，此前预设的主题，能有效揭示出标题的内涵。

三、"形－神"关系：主题与文本内容粘合度辨析

以下几种可能的主题理解，都不能实现对文本信息的全部粘合，使得文本中大量信息游离于相关主题理解之外。这些主题理解，最终会导致"形－神"的聚合出现问题，使得若干文本信息无法被有效解释。下面简要辨析。

1. 主题是批判城市文明吗？

不是。

城市文明本身是人类文明的产物，在文明进程中，城市的出现不可避免（古希腊和古代中国就出现了城市），从常识和常理的角度讲，批判城市文明是不明智也不理智的。

更重要的，这种主题理解存在以下问题：

（1）人们之所以摧毁那树，并不是因为城市文明本身，而是城市化进程中那树非但不能给人们继续提供利益，反而在人们看来，它对人们的利益构成了障碍。人们是根据自私的利益算计而摧毁那树的。不是文明与那树存在矛盾（事实上，文明与树并不必然存在对立关系）；而是人的功利需要与那树的存在构成了矛盾。

（2）文本本身并不存在足够的信息来表现和强调城市文明；也不存在足够的信息突出那树与城市文明存在冲突。事实上，人类文明包括城市文明的发展，并不意味着自然（那树）必须被摧毁。导致那树被屠杀的，是冷酷的人性，但从理论上说，人性本身并不会因为城市文明而变得更加善良或更加残忍。

（3）批判城市文明如果是文本主题，这对于文本那树的仁厚（前面部分）与人类的残忍（后面部分）的对比，不能作出有效的解释。实际上，

"批判城市文明"非常明显地过于笼统，分析下去，仍然会发现摧毁那树的真正原因，乃是人类自私的忘恩负义。

（4）如果把主题修正为"批判城市文明对自然的破坏"，也是不正确的。"那树"是文本描写的主要对象，除去那树固然是对自然的破坏，而"所有原来在地面上自然生长的东西都被铲除，被连根拔起"，也都是对自然的破坏。因此，这不能解释为什么文本要写"那树"——我们不能说，只有写摧毁大树才能表现城市文明对自然的破坏。滥砍滥伐、环境污染、掠夺资源，都属于对环境的破坏。于是可以说，"批判城市文明对自然的破坏"这个说法，不能揭示出"那树"命运的原因，不能解释为何文本要努力凸显人们对"那树"的残酷，因此未能切中文本的要核。

2. 主题是歌颂"那树"的美好品质吗？

不是。

本文与其说表现的是"那树"的品质，毋宁说表现的是"那树"的命运。

（1）整个文本的重点，并不落于表现"那树"的美好品质之上，而落在了人类对"那树"的态度之上。"那树"是被放在与人类的关系的变化中来写的。

从文本信息来概括"那树"的美好品质，可以找到坚固、仁厚、奉献等。但从文本信息量的统计来看，这些信息并不具有数量上的优势。文本中的绝大部分信息，是在表现人类对"那树"的态度。大量的细节指向了人对那树的无情和残忍。

（2）如果主题被确定为"歌颂那树的美好品质"，则意味着这篇散文具有"托物言志"的性质。本文的文本信息，虽然显示了这些品质的存在，但未显著地指向这些品质；而更多的笔墨，落在了对人类毁灭那树的过程的叙述。

如果文本刻意表现人类的品质与"那树"完全相反，如圆滑（不坚固）、刻薄（不仁厚）、"自私"（不奉献），且与"那树"形成明确对应的对比关系，那么这种主题理解可以成立。事实上，文本更多地表现的是人类对那树的恩德的视而不见，以及对那树的毫不留情的残忍，因此这种主题理解是牵强的。

3. 主题是表现城市文明进程对传统的抛弃吗？

不是。

文明进程固然意味着对传统的某种修正甚至舍弃，但本文并未凸显传统的文明形态与城市文明形态水火不容的相互对立。

（1）如果把"那树"定义为"传统"，这是不合逻辑的。因为，"树"与"人类"是不同的生命对象，"传统"是人的传统，不是"树"的传统，"树"并不能代表人类的传统。

如果把早前人们对"那树"的态度定义为"传统"，那么如何描述这种"传统"呢？如果说这种"传统"就是对"那树"的崇敬，那么，城市文明为何、如何抛弃这种"传统"呢？分析下去，我们将发现人类的功利需求是这一"传统"被抛弃的原因。继而我们将发现，人类的功利算计导致了对"那树"的忘恩负义，对"那树"的杀戮。这样，我们又回到了先前的主题上。

（2）这一主题理解，无法有效解释为什么人类对"那树"的残酷。文本中大量信息都指向屠戮"那树"的残忍，背弃恩德、毫不留情，是文本刻意强调的，不仅仅是"抛弃传统"这样简单。

（3）从常识的角度讲，岂止城市文明进程，整个地球的生命存在都离不开"树"的存在。整个人类发展的历史，无论过去、现在或未来，树都是不可少的。也就是说，城市文明和此前的人类文明一样，它与树的关系，是相容的而非相斥的。因此，即使我们不顾逻辑地说"那树"代表了传统文明，也无法解释人们为何要消灭"那树"，而且这消灭表现得如此决绝和残忍。

郁达夫《故都的秋》

一、文本特质与解析视角

《故都的秋》被认为是一篇写景状物或写景抒情的散文。但是，这个认识不符合文本本身的特质。这个文本中，固然存在景物的描写，但是这些景物的描写比较分散，没有焦点，也写得简括，在文本中也不具备信息数量上的优势。在写法上，作者的意绪和情趣占据着支配地位，景物仅仅成为表现作者观念的道具。这就意味着，表现对秋的认识，才是文意的焦点或核心。据此，解析本文的主旨，是解读的关键。

作为散文，本文"形散神聚"的特征，非常鲜明。分析本文的"神"（主题）是什么，"神"是如何统合起"形"的，是基本的分析视角。

二、"形－神"关系之一：文本中景物被支配的现象

1. 文本中的北国秋景，全是虚写

本文中写故都的秋即北国之秋，全是虚写。这一点迄今几乎未被读者充分注意到。

"不逢北国之秋，已将近十余年了。在南方每年到了秋天，总要想起陶然亭的芦花，钓鱼台的柳影，西山的虫唱，玉泉的夜月，潭柘寺的钟

声。在北平即使不出门去吧，就是在皇城人海之中，租人家一椽破屋来住着……"

文中是由此开始对故都的秋的具体描写的。仔细分析，这些都是"不逢北国之秋，已将近十余年了"之后的现在，对以往所见的北国之秋的回忆。"在北平即使不出门去吧，就是在皇城人海之中"，从这里开始转入较为细致的描写，然而此处并无时间的转换信号，这意味着以下的文字仍然是回忆的。

文本中没有任何证据表明，本文中所出现的对故都的秋的景象的描绘是现在时态的。这就是说，文本中所呈现的故都的秋的景象，都是虚景而不是实景。本文写于北平，作者之所以要这样写，其意图可能是想弱化读者对景物（"形"）的关注，从而把注意力集中在"我"内在的感受和领悟（"神"）上。

2. 典型景象：以"意"役使，随"意"驱遣

文本中前后若干处，对传统上的典型景象点到为止，为表达自己的观念或情趣服务。这些景物被随意召唤，呼之即来，来之则去。

"陶然亭的芦花，钓鱼台的柳影，西山的虫唱，玉泉的夜月，潭柘寺的钟声"，作为故都的秋的代表性景象，"廿四桥的明月，钱塘江的秋潮，普陀山的凉雾，荔枝湾的残荷"，作为南国之秋的代表性景象，在文本中统统是点到为止，吝于笔墨。前者主要用于勾画下文描写秋景的背景，后者主要服务于"色彩不浓，回味不永"的议论。

这种疏阔的方式，非常写意。实际上，本文即使是比较细致的写景部分，也是写意的而非工笔的。凸显"意"而弱化"形"，以"意"来主导对景物的描写，是鲜明的特点。

3. 局部写景：“意”的强势与“形”（景）的弱化

在北平即使不出门去吧，就是在皇城人海之中，租人家一椽破屋来住着，早晨起来，泡一碗浓茶，向院子一坐，你也能看得到很高很高的碧绿的天色，听得到青天下驯鸽的飞声。从槐树叶底，朝东细数着一丝一丝漏下来的日光，或在破壁腰中，静对着像喇叭似的牵牛花（朝荣）的蓝朵，自然而然地也能够感觉到十分的秋意。说到了牵牛花，我以为以蓝色或白色者为佳，紫黑色次之，淡红色最下。最好，还要在牵牛花底，叫长着几根疏疏落落的尖细且长的秋草，使作陪衬。

（1）“清静”：“早晨起来，泡一碗浓茶，向院子一坐，你也能看得到很高很高的碧绿的天色，听得到青天下驯鸽的飞声”，“从槐树叶底，朝东细数着一丝一丝漏下来的日光，或在破壁腰中，静对着像喇叭似的牵牛花（朝荣）的蓝朵”，都突出了“清静”。“很高很高的碧绿的天色”、花的色调的清冷，都表现“清”；“听得到青天下驯鸽的飞声”、“细数着一丝一丝漏下来的日光”，都表现“静”。

（2）“悲凉”：“一椽破屋”、“破壁腰中”、“疏疏落落”，都以破败萧瑟来突出“悲凉”。

（3）上述写景文字，从句意分析的角度看，句子意思的落脚处，不在于景，而在于人。“租人家一椽破屋”、“泡一碗浓茶，向院子一坐”是直接写人的活动；而接下来的写景句中，景物都处在表示人的行为的动词的支配之下——它们全是“看得到”、“听得到”、“细数着”、“静对着”这几个动词的宾语。人的行动对景物构成了强力的支配。

（4）简短的写景之后，忽然插入议论“说到了牵牛花，我以为……”，这也是其意不在写景的表现。这里的议论是表明“我”的审美偏好，色调冷淡才是有秋意的，秋草疏瘦才是有秋意的。

（5）整个文段中，人的行动、人的感受、人的观念，明显地占据主导地位。景物成为感受和观念的玩具。

> 北国的槐树，也是一种能使人联想起秋来的点缀。像花而又不是花的那一种落蕊，早晨起来，会铺得满地。脚踏上去，声音也没有，气味也没有，只能感出一点点极微细极柔软的触觉。扫街的在树影下一阵扫后，灰土上留下来的一条条扫帚的丝纹，看起来既觉得细腻，又觉得清闲，潜意识下并且还觉得有点儿落寞，古人所说的梧桐一叶而天下知秋的遥想，大约也就在这些深沉的地方。

这一段几乎不能叫作写景。基本是语调冷静的议论。写景的二三两句，落脚点仍然是人的感受（触觉），其余文字都不是写景。

本段的意涵，是表现秋的隐微深邃。"极微细极柔软"，落寞仅是"有点儿"且处于"潜意识下"，都是表现秋意的隐微深邃。"梧桐一叶而天下知秋"是遥想，很深沉，在语意上也呼应着隐微深邃。明显地，本段是以表意为主而不是以写景为主。

> 秋蝉的衰弱的残声，更是北国的特产，因为北平处处全长着树，屋子又低，所以无论在什么地方，都听得见它们的啼唱。在南方是非要上郊外或山上去才听得到的。这秋蝉的嘶叫，在北方可和蟋蟀耗子一样，简直像是家家户户都养在家里的家虫。

> 还有秋雨哩，北方的秋雨，也似乎比南方的下得奇，下得有味，下得更像样。

> ……

> 北方的果树，到秋天，也是一种奇景。第一是枣子树，屋角，墙头，茅房边上，灶房门口，它都会一株株地长大起来。像橄榄又像鸽蛋似的这枣子颗儿，在小椭圆形的细叶中间，显出淡绿微黄的颜色的时

候，正是秋的全盛时期，等枣树叶落，枣子红完，西北风就要起来了，北方便是沙尘灰土的世界，只有这枣子、柿子、葡萄，成熟到八九分的七八月之交，是北国的清秋的佳日，是一年之中最好也没有的 Golden Days。

（1）秋蝉：声音是"衰弱的残声"，有"悲凉"的意味。在故都，秋蝉声是普遍且寻常的。

（2）秋雨和闲人：秋雨的主要特点是"凉"和"息列索落"的稀疏，配合着声调"缓慢悠闲"的闲人"微叹"，带着"清静悲凉"的意味。

（3）果树：这一节是全文的变调，相对比较明朗。在"淡绿微黄的颜色"的枣子颗儿的"清秋佳日"中，透露出一种安静的"生的趣味"。其主要作用是，表现故都的秋并非纯然的"清静悲凉"，更不是一片萧瑟和死寂，而是在全文"清静悲凉"的背景下，暗示秋的本质不是死亡，而是一种带着"清静悲凉"意味的"生"。

这几节文字，对景物都是点到为止，更多地表现的是人对这些景物或场景的感受和品味。对秋蝉的声音，对凉风秋雨，对枣树枣子，均无展开笔墨的描摹。因此很容易看出，"意"确实在行文过程中占据了主导地位。

三、"形－神"关系之二：文本中景物之外的材料

文本中存在大量的非写景文字。这也是质疑本文为"写景状物"或"写景抒情"文本的依据之一。尤其是文本中的第2段和第12段，这两段议论在文中所起的作用值得分析。

1.第2段：秋意秋味的深浅

本段大意是说，南方的秋意秋味，是浅淡的、混沌的、不鲜明的，而故

都之秋才是深刻的、透彻的。这与文本结尾处倒数第 2 段构成了明显的语义响应关系。这意味着本段的意思与文本主旨相关。

2. 第 12 段：秋的深味与人类感触

本段大意是说，"有感觉的动物，有情趣的人类，对于秋，总是一样地特别能引起深沉、幽远、严厉、萧索的感触"，不分国别、人种、阶级，秋都能引发"一种不能自已的深情"。

"深沉、幽远、严厉、萧索"，这是人类共同感触的部分。为什么不止是诗人，甚至包括囚犯，都会在秋天感到"不能自已的深情"？这和"清静悲凉"的故都的秋有何关系？

联系起来分析可以发现：秋天的"清静悲凉"，能够触发人类"深沉、幽远、严厉、萧索的感触"，使人意识到生命存在的深沉感和悲感。"存在的深沉感"本质上就是"存在的悲感"，这是人生的况味，是存在的本质，因而具有普遍性。这种人生的秋味，在古今中外的诗人那里，特别是在中国文人那里，体悟得最为深刻。

作为放在写景文段之后的庞大议论，本段是理解文本主题的关键。如果不能理解本段意涵，一定会导致对文本主题理解的偏离。

四、文本主题：为何愿意折寿以留秋

结尾一段说："秋天，这北国的秋天，若留得住的话，我愿把寿命的三分之二折去，换得一个三分之一的零头。"

如果仅仅是因为秋天的景象很美，愿意如此折寿，是费解的。

如果仅仅是因为北国之秋是"清静悲凉"的，愿意为"清静悲凉"而如此折寿，是费解的。

"清静悲凉"，北国之秋如此，南国之秋也是如此。区别仅仅在于，北国之秋的秋味是深刻的、透彻的。但若因为秋意更浓，就愿意折去生命的三分之二，这也是费解的。

文本的真正关键，不在"清静悲凉"，而在故都这彻底的"清静悲凉"，使人透彻地体验到最"深沉、幽远、严厉、萧索"的生命感触，领略到人在世界上"存在的深沉感"或"存在的悲感"。抵达这一种深味，便是抵达了生命的深处，"朝闻道夕可死矣"，因此哪怕折寿剩下三分之一的零头，也是愿意的。

本文所写的不是故都之秋的实景，而是对故都秋味的留恋；所写的不是故都之秋"清静悲凉"的特征，而是对人生"存在的深沉感"的领悟。这就是文本的主题。

欧阳修《醉翁亭记》

一、对文本的观察

1. 一般的观察

一个文本，可以从内容与形式两个方面来观察：第一，它的内容有无特殊之处，它的思想有无特别高卓之处；第二，其语言、结构、艺术手法等形式方面有无鲜明的或独到的特征表现出来。

第一个方面：本文的内容有无特别之处？思想有无特别高卓之处？

题材是特别的。本文作者是一位太守，但他似乎并不忠于职守，而在游玩喝酒。文本中语义反复指向"乐"，这是需要梳理和分析的。

第二个方面：本文的语言、结构、艺术手法等形式方面有无鲜明的或独到的特征？

全文皆以"也"为语句结束的语气词，是个鲜明的特征。

2. 对文本特质的观察

这是一篇"记"。"记"，是"录言载事"的意思，"记"并不等于游记，例如早期的《礼记·学记》就不是游记；唐宋以后的《岳阳楼记》《病梅馆记》《核舟记》也不是游记。作为文体的"记"，山川景物、现实人事、历史掌故等，都可纳入题材范围，题材和表达方式也可以很灵活。

本文"记"的对象，是"醉翁亭"。根据标题，按理说应有相当的笔墨是对醉翁亭的直接描写。然而全文仅有一句："有亭翼然临于泉上者，醉翁亭也。"简单的解释是：

醉翁之意不在亭，而在酒；

醉翁之意不在酒，而在乐；

醉翁之意不在醉翁之乐，而在乐人之乐。

因此在《醉翁亭记》中，"醉翁"不是焦点，"亭"不是关键，主题最终的归结处是"乐人之乐"。这一特质，可以用一句话来描述："言在此而意在彼。"

二、对文本内容的梳理

下面分层梳理所描写和叙述的内容，并作一个简略的分析和概括：

1. 第1—3段：以写景和记事为主

文本显然是以"醉翁亭"为立足点，安排了两项主要内容：第一，醉翁亭四时朝暮的山水景象；第二，众宾宴饮从游太守的情形。第一项表现的是"四时山水之乐"；第二项表现的是"宴饮从游之乐"。

要注意判断这两种快乐的性质：四时山水之乐，是"得之心"的，无需借助于他人；宴饮从游之乐，是"得之人"的，是人事活动中的快乐。

2. 第4段：以议论为主

尾段仍然写"乐"。本段之"乐"涉及三层：第一，"禽鸟之乐"；第二，"人之乐"；第三，"乐其乐"。

从禽鸟之乐到人之乐，涵盖了从自然生命到人类生命的跨越。前者是本能的、无意识的，后者是社会的、有意识的。这是两种不同境界的快乐。在此基础上，进一步提出"乐其乐"的更高境界——"人知从太守游而乐，而不知太守之乐其乐。""乐其乐"，就是因别人快乐而快乐。这三种境界用冯友兰的人生境界说来定位，属于三种从低到高的境界：

"禽鸟之乐"——自然境界（山林之乐，出乎本能的）；

"人之乐"——功利境界（从游宴饮之乐，得到口腹游玩的满足）；

"乐其乐"——道德境界（以他人之乐为自己之乐，无私的）。

3. 太守之乐的思想意义

值得注意的是，太守宴部分写宴饮之乐，指涉太守的仅有一句"苍颜白发，颓然乎其间者，太守醉也"，不能明显看出太守本人宴饮的快乐。这与前文"醉翁之意不在酒"的意涵是一致的——太守用意不在宴饮；他的宴饮是为了使众人快乐。太守之乐的核心，不是自己私心之乐，而是"乐人之乐"。这就是所谓"与民同乐"的儒家思想。

太守似乎并不忠于职守，而是在游玩喝酒。这又反映出一种治理思想：政治治理，贵在无为。作为太守，能无所事事到醉翁亭赏景宴饮，言外之意是说此地已经治理得很平顺了，大众都能够各得其所了。统治人民的最高境界，就是要让人民快乐，这就是"仁政"；治理人民而不政令繁琐到处扰民，这就是"无为而治"。

三、文本形式的特征

本文最大的特色，是连用 21 个"也"作为全文每一个语句的句末语气词。这显然是刻意为之的。

"也"可以表示判断、陈述、惊叹等语气。单从语气角度，无法对欧阳修为何这样做作出合理的说明。

理解这一做法的关键，要注意到"也"的不变的重复。每个句子都以"也"结尾，使得所有句子的语调，保持了高度的一致。这种手法，使得情绪的节奏没有变化，语言的调子一直处于一种平静的、不变的状态之中。句子的波澜不惊、稳定平衡，全文都无一例外用"也"断句，使得全文情绪稳定，没有起伏，显出平静安详的风格。金圣叹评论本文是"一路逐笔缓写，略不使气之文"，他的感觉应是基于此而获得的。

至于结构上呼应照应、严谨周密，词句上整散结合、精到传神，这些在本文中都是有的，但并不构成此文独有的显著特征，故不多说。

孟子《鱼我所欲也》

一、文本观察切入点

《鱼我所欲也》是一篇议论性文字。议论文具有论点、论据和论证三个要素。由此可以从三个方面切入对文本的观察：

（1）论点：本文的论点是什么？

（2）论据：论据是什么？

（3）论证：论证是如何证明论点的？

二、具体的观察与解释

1. 本文的论点

（1）可能性分析。

依据文本，关于论点是什么，有如下几种可能的看法：

——"舍生而取义"；

——人在任何时候都不要违背"义"，"舍生而取义"是最高要求；

——"义"是本心所具，不可"失其本心"。

（2）论点的确定。

下面依据文本作出分析。

第一，"义"是明显的主题词。

这一点可以根据文本中"义"的出现频率观察到。从文本中的两段论述（古籍原文应无分段，这里是根据课文的分段，下同），可以很容易地得出本文主题是"舍生而取义"的印象。

第二，"是心"与"本心"是什么。

第一段的收束处说："非独贤者有是心也，人皆有之，贤者能勿丧耳。"第二段的收束处说："此之谓失其本心。"

贤者不失本心，而"不辨礼义而受之"者"失其本心"。前后两处有对比之意。根据文意可知，本文中孟子所讲的"本心"特指"义"。《孟子·告子上》说："恻隐之心，人皆有之；羞恶之心，人皆有之；恭敬之心，人皆有之；是非之心，人皆有之。恻隐之心，仁也；羞恶之心，义也；恭敬之心，礼也；是非之心，智也。仁义礼智，非由外铄我也，我固有之也，弗思耳矣。"这是对"本心"的完整的说明，而依据本文的文意范围，文本中的"是心"与"本心"，是仅就"义"而言的。

第三，论点的浮现。

前后两处对"心"的强调，使得两段论述汇聚，形成合流，最终归结为对人心本具的"义"的强调。"取义"才是符合"本心"的——这是可以初步确定的本文的论点。

原文中两段论述最终都归结为"是心"或"本心"，这是明确的。"舍生而取义"虽从原文中抽出，但抽离"本心"而谈"舍生而取义"，无视原文对"是心"与"本心"的反复强调，是对文本和文意的割裂。

从两个论述段落的大意来分析，也可得出全文论点。全文论述内容无非两个方面：

①随顺"义"，根据"义"的原则而行动，才符合"本心"。

②随顺"利"，根据"利"而采取行动，这是"失其本心"。

结论：应守其"本心"而"取义"。

2. 论据和论证

论据的分析，不能脱离论证。因为论据是在论证过程中才成为论据的，脱离论证过程的事实不能被定义为论据。

文本有两段论证。两个段落，其实就是两个论述层次或论证阶段。

（1）（第一个论述层次）"义"在"本心"："义"在"本心"中的存在性证明。

①"义"具有价值的超越性。

"鱼，我所欲也；熊掌，亦我所欲也。二者不可得兼，舍鱼而取熊掌者也。生，亦我所欲也；义，亦我所欲也。二者不可得兼，舍生而取义者也。"通过含有价值比较的类比，提出"义"的价值具有超越性（比生命更重要）。

注意：文意并不是说生命不重要，可以随时舍弃。这几句是作价值比较：当只能进行单项选择时，我们选择价值更大的。"鱼—熊掌"与"生—义"，是两组对应的选择对象。"鱼"是有价值的，"生"当然也是有价值的。

②"义"是"本心"所具有的。

正面的论证："不为苟得"、"患有所不辟"两个现象的存在，证明了"义"是存在的。

反证法论证：两个"使"，并回扣"由是则生而有不用也，由是则可以辟患而有不为也"两个事实，从反面证明"义"是存在的。

结论："义"在"本心"中的存在性——"所欲有甚于生者，所恶有甚于死者"——"取义"之心是固有的。

（2）（第二个论述层次）"取义"就是守"本心"："取义"的价值证明。

①"取义"者："义"的价值高于生命。

正面论据："行道之人"、"乞人"不愿接受非"义"的羞辱，而宁可饿死，证明在"取义"者看来，"义"的价值高于生命。

②"舍义"者：受利益支配的选择是违背"本心"的。

反面论据："乡为身死而不受"，这是原初对"义"的坚持即对"本心"的守护；"为宫室之美、妻妾之奉、所识穷乏者得我"而"为之"，这是如今背弃"本心"而逐利的非"义"选择。

③"取义"与"取利"的价值比较。

"义"在价值上高于"生"。"取利"是对"生"的享乐（"宫室之美、妻妾之奉、所识穷乏者得我"）的满足，仅仅属于"生"的价值的一部分，因而"取利"只能体现"生"的部分价值。

因此，在价值判断上存在如下关系："取义"＞"取生"＞"取利"。

结论："取义"符合"本心"，具有最高的价值。

（3）由论证过程得出的中心论点。

综合两个论证阶段，可得出本文的中心论点是："义"存在于人的"本心"，"取义"符合"本心"，具有最高的价值。

这与前文对论点的分析所得出的结论是完全一致的，只存在语言表述上的差异。

三、余论

第一，正确理解"舍生而取义"。根据前面的分析不难看出，把"舍生而取义"视为全文论点是不确切的，实际上"为宫室之美、妻妾之奉、所识穷乏者得我"，并不存在"舍生"与否的问题。且，"舍生而取义"并不是指生命可以随意舍弃，文中只是以极端情况（"得之则生，弗得则死"）来强调"取义"的极端重要性。

第二，文中存在论证环节的缺失。"乡为身死而不受"，这是坚持"本心"的；"为宫室之美、妻妾之奉、所识穷乏者得我"而"为之"，这是背弃"本心"的。为什么以前能够守其本心，而后来会背弃本心呢？为什么"人皆有之"的本心，只是贤者"能勿丧"呢？"行道之人"和"乞人"，算不算"贤者"呢？如果说"为宫室之美、妻妾之奉、所识穷乏者得我"而失其本心是因为欲望，那么"所欲有甚于生者"的"欲"是不是也是欲望呢？对"义"向往，难道不也是一种"欲"吗？这些问题的答案很复杂，但值得思考。

周敦颐《爱莲说》

一、文本观察切入点

《文章辨体序说》："说者，释也，解释义理而以己意述之也。"这是一种阐述事理的文体，是对某种观念、道理进行个性化阐释的文章。"说"，就是论说的意思。因此，根据文体，本文所论说的观点是什么，它是如何论说的，就是文本分析的基本视角。

从文本特质来看，可以找到解读的切入点。题为"爱莲说"，按常理写莲之可爱即可，而篇幅甚短的文本中却出现了牡丹和菊。在一篇论说爱莲的文章中写牡丹和菊的必要性在哪里？由此进入文本，分析莲、牡丹与菊三者的关系，能窥见本文的主题。

二、具体的观察与解释

为方便分析，将原文列出，如下：

> 水陆草木之花，可爱者甚蕃。晋陶渊明独爱菊。自李唐来，世人甚爱牡丹。予独爱莲之出淤泥而不染，濯清涟而不妖，中通外直，不蔓不枝，香远益清，亭亭净植，可远观而不可亵玩焉。

予谓菊，花之隐逸者也；牡丹，花之富贵者也；莲，花之君子者也。噫！菊之爱，陶后鲜有闻。莲之爱，同予者何人？牡丹之爱，宜乎众矣！

首先可以直接分析所爱之莲有哪些值得爱的地方，分析"爱莲"的理由是什么；然后扩展到对莲与牡丹、菊的关系的分析上，分析出"予"为何作此取舍。

1. 莲与爱莲的理由

作者坦言"水陆草木之花，可爱者甚蕃"，说明他对很多种类的花的可爱之处是了然于胸的，他并不认为莲是唯一可爱的。既然如此，为什么他又说"予独爱莲……"呢？

予独爱莲之出淤泥而不染，濯清涟而不妖，中通外直，不蔓不枝，香远益清，亭亭净植，可远观而不可亵玩焉。

观察此句意思，并不是从外形、色彩、实用价值等角度来描述莲的，而是从所表现的人格特质来描述的。文本中明确宣示，莲是君子的象征。下面依次分析文中莲所表现出来的品质内涵：

"出淤泥而不染"——行中庸之道：既立足于红尘世界，又超越红尘世界。

"濯清涟而不妖"——清而脱俗，绝不俗艳媚俗。

"中通外直，不蔓不枝"——内心通达，行为正直；人格独立，不趋附勾结。

"香远益清，亭亭净植"——清德远播，中正不阿。

"可远观而不可亵玩焉"——可以敬赏，堪为示范；端庄敬肃，不可近狎。

不难看出，文中描写莲，处处都扣紧儒家君子的内涵特征。人格独立，智通德达，清正脱俗，奉持中庸。这是莲的主要特征。

2. 与莲形成比较关系的牡丹和菊

之所以在这么短小的文本中引入牡丹和菊，最直接的原因就是：在作者看来，如果要把爱莲的原因阐释清楚，就有必要引入牡丹和菊。

文本中创设了一组等式：菊＝隐逸；牡丹＝富贵；莲＝君子。

这意味着，这三种花分别象征着三种人生模式。在隐逸、富贵、君子三种人生价值模式中，作者选择的是君子这一模式。三种花的比较，本质上是一种价值选择。

（1）牡丹和菊的内涵。

牡丹＝富贵。而"世人甚爱牡丹"，"牡丹之爱，宜乎众矣"，表明富贵是世俗普遍的价值追求。

菊＝隐逸。"晋陶渊明独爱菊"，"菊之爱，陶后鲜有闻"，暗示选择隐逸的是极为稀少的。陶渊明归隐田园，消极避世的"菊之爱"，沦于孤芳自赏，后继乏人。人的社会性，决定了隐逸是难以效法的，终归是行不通的；而且隐逸实际上是独善其身，无法兼济天下，对整个社会是缺乏正面贡献的。儒家的价值取向是入世的，入世不是为了私利而是为了实现自身价值和担负社会责任。孔子说："鸟兽不可与同群，吾非斯人之徒与而谁与？"意思就是说，作为人类中的一员，不能去做隐士而逃避应该承担的道德义务。

（2）莲相较于牡丹和菊的特点。

莲＝君子。莲的人格内涵特质，前文已述。

牡丹和菊，之所以被否定，原因在于：

牡丹：追求富贵，是世俗的价值观，其问题在于入世太深，流于世俗。

菊花：追求隐逸，是隐逸的价值观，其问题在于出世太远，无补于世。

莲所代表的是君子。"出淤泥而不染，濯清涟而不妖"，说明它既立足于红尘世界，又超越红尘世界，既非出世，也非因入世而流于世俗；"可远观而不可亵玩焉"，说明它既能让世俗世界看到，又与世俗世界保持着必要的距离。它入世，但不会入世太深，避免了牡丹的过于庸俗；它维持着对俗世的距离，却又身处俗世之中，避免了菊的出世太远。

简言之，牡丹入世太深，流于世俗，菊出世太远，无补于世，它们分别代表了两个极端。而莲恰好处于二者的中点，代表了君子"允执厥中"的中庸之道。

三、主题结论

1. 主题结论

莲是爱的对象，人格独立、智通德达、清正脱俗、奉持中庸，是莲作为君子的主要特征。本文通过对三种花的价值取向的比较，说明莲的君子人格特征，指出莲所代表的君子才最符合"中庸"的要求。本文的思想内核，不离儒家的"中庸"二字。

如果考虑到周敦颐是北宋大儒，则更易理解本文的文本内涵。这已不属于文本分析范畴，此不赘述。

2. 主题辨析

以下流行的说法，是游离于或不符合本文主旨的：

（1）"通过对莲的形象和品质的描写，歌颂了莲坚贞的品格，从而也表现了作者洁身自爱的高洁人格和洒落的胸襟。"——"坚贞"无据；菊也具有"洁身自爱的高洁人格"，也是"洒落"（抛弃世俗）的。

（2）"作者通过对莲的爱慕与礼赞，表明自己对美好理想的憧憬，对高尚情操的崇奉，对庸劣世态的憎恶。"——此说空洞。"爱慕与礼赞"了什么，"美好理想"是什么，什么样的"高尚情操"，内涵不明。

（3）作者既不愿像陶渊明那样做一个隐逸者，更不愿像世人那样贪慕富贵，追求名利。他要在当时浑浊的世间，特立独行，洁身自好，永保高洁正直的情操，做一名君子。——菊也是"特立独行，洁身自好"的，也是"高洁"的。

诸葛亮《诫子书》

一、文本观察切入点

《诫子书》无疑是有智慧的。而文本甚短，容量很小，显然无法囊括诸葛亮的智慧。《诫子书》是写给儿子的，"诫"有告诫之意，亦即所谈的观点具有针对性，针对可能出现的问题。由此可知两点：第一，《诫子书》包含着诸葛亮自己的人生智慧。第二，文中的道理不是泛泛而谈的，是针对其儿子的。

于是我们可以通过两个问题来进行观察和分析：

（1）文本中讲了些什么道理？

（2）为什么讲的是这些道理？

二、写了什么：文本内容的分析

原文如下：

> 夫君子之行，静以修身，俭以养德。非淡泊无以明志，非宁静无以致远。夫学须静也，才须学也，非学无以广才，非志无以成学。淫慢则不能励精，险躁则不能治性。年与时驰，意与日去，遂成枯落，多不接世，悲守穷庐，将复何及！

1. 主要的思想

开头二句提出"君子之行"的两个方面：一是"静以修身"，强调的是"静"；一是"俭以养德"，强调的是"俭"。这是很明确的。从分析的方法上来讲，继续读下去，如果接下来的文句都能与"静"与"俭"这两个意思相关联，那么我们可以确认，"静"与"俭"就是文本意思的核心。

（1）静—宁静—静—险躁。

以"静"为出发点，观察到文本中与其响应的词语有："宁静"、"静"、"险躁"（反"静"）。

与此相关的句子，是紧密围绕着"静"来展开论说的。在"静"这一条线上，主要论述了"静"在"修身"上的三个主要价值："非宁静无以致远"，是说只有"静"才能使人达成遥远的目标；"学须静也"，是说只有"静"才能投入学习并最终获得"广才"的结果；"险躁则不能治性"是从反面讲道理，意思是说"静"具有修养性情（对治性情之弊）的作用。

（2）俭—淡泊—志—淫慢。

以"俭"为出发点，观察到文本中与其响应的词语有："淡泊"、"志"、"淫慢"（反"俭"）。

与此相关的句子，是紧密围绕着"俭"来展开论说的。在"俭"这一条线上，主要论述了"俭"在"养德"上的三个主要价值："非淡泊无以明志"，是说只有"俭（淡泊物欲）"才能使人明确更高远的追求；"非志无以成学"，是说只有"俭"以明志之后，才能有动力成就学习；"淫慢则不能励精"是从反面讲道理，意思是说"俭"具有振奋精神的作用。

（《诫子书》中"淫慢"处有版本的差异。"慆慢"版本出自唐朝欧阳询的《艺文类聚》，而"淫慢"版本出自宋朝李昉的《太平御览》。《说文解字》说："慆，说也"，释义为"喜悦"。《书·汤诰》"无从匪彝，无即慆淫"，"慆淫"就是享乐过度。根据文意线索，不"俭"则是奢靡，奢靡就有享乐过度之弊。"淫慢"是指放纵懈怠。根据文意，不"俭"则是奢靡，奢靡就容易有放纵和轻慢心。因此，这两种版本都不影响对文意的理解。）

（3）论"学"是围绕"静"与"俭"的。

文本中有"夫学须静也，才须学也，非学无以广才，非志无以成学"一句。从文意连贯性来观察，此句并非凭空提出"学"这一新的话题，它是围绕"静"与"俭"的主题的。

"学"所需要的，一个是"静"，一个是"志"。而根据"非淡泊无以明志"，"志"是有赖于"淡泊"的；又根据语义关联，"淡泊"就是物欲的寡淡，其实就是"俭"。

因此，这一句是被统摄于"静"与"俭"之下的。

（4）统合起来的主题结论。

总结上述分析，文本主要强调了"静"与"俭"两个意思。这两个意思在文本第一句就关联起来了："夫君子之行，静以修身，俭以养德。"

本文的主题就是论"君子之行"。而"君子之行"的核心，在于"静"与"俭"两个方面。（这是诸葛亮自身的体会和理解，"君子之行"在中国传统中包罗很多方面。）

2. 抒情的部分：恳切告诫中流露出的思想

文末的一句是："年与时驰，意与日去，遂成枯落，多不接世，悲守穷庐，将复何及！"这句话明显地带着告诫语气，其抒情性是明确的。这句话中，也顺带流露出一些关于人生的认识。

第一，"年与时驰，意与日去，遂成枯落"。人的意志力会随着年岁的增长而消退，意志的消退最终带来人生的荒废。

第二，"遂成枯落，多不接世，悲守穷庐，将复何及"。人生于世，必须有所作为。

最后一句话，主要是申明"诫子"之意，暗含着诸葛亮对儿子荒废生命无所作为的担忧。但这不属于文本的主题性内容，其中的思想是顺带流露出来的而非刻意阐发的。

三、为何写的是这些（而不是那些）

1. 基于文本的解释

诸葛亮诫子，可言者甚多，而其言仅止于此。诸葛亮是蜀汉政治家，而这篇短文全无政治训诫，只讲个人修为。内容取舍，值得深思。

"君子之行"是非常宽泛的。就儒家的立场来看，举凡"仁义礼智信"等一切正面价值的行为和修养，均可列入"君子之行"中。本文确定"君子之行"在"修身"与"养德"两个方面，而其核心则是"静"和"俭"。以诸葛亮的知识背景，他显然知道"君子之行"涉及十分宽泛的领域，而《诫子书》中特意强调"静"和"俭"，这与他自身对人生的认识和体会无疑具有深刻的联系；也与《诫子书》的针对性，具有很大的关系。

2. 基于文本背景的解释

文本解读必须严格依据文本。对文本的解读完成之后，我们可以根据文本的一些背景知识，对文本进行进一步的验证。文本是第一位的，"知人论世"可以作为一种补充性方法。《诫子书》作为诸葛亮的家书，是一个历史文本而非文学文本，有助于提升"知人论世"方法的合法性。

（1）"静"与"俭"凝聚着诸葛亮主要的人生经验。

"静"是诸葛亮重要的人生经验。他长期高卧隆中；"由是先主遂诣亮，凡三往，乃见"，即能看出他的宁静沉稳。有了这样的"静"，才有了宏图远略的"隆中对"，才有了"两朝开济"的大"接世"。

"俭"也是诸葛亮的人生原则。诸葛亮的家财，就是"有桑八百株，薄田十五顷"。"俭"之所以是美德，是因为"俭"是克己，"俭"则寡欲，能让心灵摆脱物欲，追求更有价值的人生事业。诸葛亮向刘禅自剖心迹说："臣死之日，不使内有余帛，外有赢财，以负陛下。"这意味着诸葛亮还意识到"俭"的本质是自我约束，有助于个人从政的政治安全。

"静"与"俭"是诸葛亮最基本的人生经验，《诫子书》句句是人生经验，句句是内心真话。以此告诫儿子，可见作为父亲的诸葛亮的良苦用心。

（2）《诫子书》的针对性。

《三国志·蜀书·诸葛亮传》载，建兴十二年（公元234年），也就是诸葛亮去世那一年，他给其兄诸葛瑾写信说："瞻今已八岁，聪慧可爱，嫌其早成，恐不为重器耳。"

诸葛亮死时，其子诸葛瞻还小，因此《诫子书》即使不是诸葛亮临终也是死前不久的作品。从这番话中可以看出，诸葛亮最担心的是诸葛瞻过早显示出他的聪慧，而不能成为"重器"。

对稚子的告诫，诸葛亮不能面面俱到，他必须拣最重要的来说。首先，诸葛瞻比较"聪慧"，聪慧若无学习和历练，就可能流于浅薄的聪明而难成大器，因此必须强调"静"的修养。其次，"俭"不但诸葛亮自身奉行，也是汉代以来被倡导的儒家传统，东汉末年的诸葛亮对此看重，也十分自然。而诸葛瞻出身蜀相之家，年轻人在成长过程中较容易被欲望左右、被享乐吸引，那样则更难成大器，所以文中也突出了"俭"的重要性。

简言之，诸葛亮担心儿子因聪慧而过早成熟，因此强调"静"；担心他在成长过程中滑向享乐，因此强调"俭"。"静"与"俭"的本质，实际上都是自我收敛或自我控制。而这两条，恰好凝聚着诸葛亮最深刻的人生经验（"诸葛一生唯谨慎"）。

诸葛亮《出师表》

一、文本特质

"表"是中国古代向帝王陈情言事的一种呈文，属于实用类文体。刘勰在《文心雕龙·章表》里说："章以谢恩，奏以按劾，表以陈情，议以执异。"可见，表的主要作用，是臣子对君主陈请事情，表达感情。《出师表》以议论为主，兼有叙述和抒情。陆游说"出师一表真名世，千载谁堪伯仲间"，此表何以在众多表文中尤其突出，这是需要研究的。

《出师表》的鲜明特质是情感的表现。从思想和感情两个方面来观察，它所表达的见解并无特别创见，而其情感之深沉感人，值得关注。古人说"读诸葛孔明《出师表》而不堕泪者，其人必不忠"，也证明了《出师表》的抒情效果。而只凭情感感人，并不足以解释其"真名世"的原因和"千载谁堪伯仲间"的地位。《文心雕龙·章表》说"孔明之辞后主，志尽文畅"，仅仅指出《出师表》情感表达之充分畅达，却不足以解释它为何会带给读者如此强烈的情感震撼。

因此，分析本文中情感的构成与情感的表现，是解读的关键。

二、思想与情感的分析

"志见出师表。"诸葛亮的"志",表现在《出师表》中。什么是"志"？"志者，心之所之也。""志"是心之所往，也就是志趣心迹，一个人的思想和感情。《出师表》表现了怎样的思想，怎样的感情，亦即文本内容是什么，这是首先需要梳理的。

1.思想部分

梳理文本中的见解，可以依次看到诸葛亮在治国理政方面对后主提出的主张：

（1）执政必开忠谏之路，全面听取意见。（第1段）

（2）执政必须公平，奖惩分明，无所偏私。（第2段）

（3）执政必须谨慎，克服随意性，"悉以咨之，然后施行"。（第3—4段）

（4）执政必须理智用人，"亲贤臣，远小人"。（第5段）

（5）执政必须令下属责任分明。（第7—8段）

这些政治见解，在诸葛亮的时代，已非什么了不得的创见，《出师表》在观点上并无优势。本文以议论为主，如果从思想性来说，价值并不大。那么诸葛亮为什么讲这些？合理的解释是：第一，这可能是诸葛亮所理解的君主治国理政之大纲；第二，这可能是对后主可能出现的过失而作出的具有针对性的叮嘱，暗含诸葛亮的隐忧；第三，与上表意图联系起来看，这是安顿国政，为出师北伐解除后顾之忧。

2.情感部分

与一般表文较为单一地表达对君王的忠心不同，本文情感内涵非常丰富。看其大端，可以分三：第一，作为长者的诚心；第二，作为臣子的忠心；第三，对于国事的忧心。

（1）作为长者的诚心。

对于后主，诸葛亮是长者，是前辈。本文称"先帝"13次，称"陛下"7次，显见作者反复强调与先帝的情感与人事的渊源，以此强调自己的长者身份和用人的合法性，在此基础上，对后主提出诚恳的提醒和忠实的告诫。赤诚之心，显而易见。

（2）作为臣子的忠心。

"报先帝而忠陛下"，是诸葛亮自我认定的"职分"。文中出现的若干词汇也指向"忠"，如"忠志之士"、"忠谏"、"忠善"、"忠纯"、"忠言"，均表现了诸葛亮对"忠"作为臣子本分的政治伦理的强烈认知。

（3）对于国事的忧心。

这是最为感人的部分，在整个文本中的表现最为强烈和突出。依次梳理文本，对于国事的忧心主要体现在如下方面：

①对蜀汉前途的忧虑。

本文开头就带着一种强烈的危机感："先帝创业未半而中道崩殂"，事业的领袖陨落；"今天下三分，益州疲弊"，国家的实力不济。这是"危急存亡之秋"，因而"侍卫之臣不懈于内，忠志之士忘身于外"，就带上了一层拼死奋斗的悲壮感。而这种拼死奋斗纯粹基于情感，是"追先帝之殊遇，欲报之于陛下"。

②对君王执政的隐忧。

"不宜偏私，使内外异法也"，暗含对后主能否做到"平明之理"的忧虑。

对人事的叮嘱，暗含对于后主能否谨慎施政的忧虑。

"亲贤臣，远小人"的告诫中直接援引历史教训，"先帝在时，每与臣论此事，未尝不叹息痛恨于桓、灵也"，强烈表达了对政权"倾颓"的忧虑。

开头"诚宜开张圣听，以光先帝遗德"，文末"陛下亦宜自谋，以咨诹善道，察纳雅言，深追先帝遗诏"，一再表达对后主能否明智听取意见的忧虑。

所忧者甚多，"夙夜忧叹"并非浮夸之词。

③人生悲感与对国事忧心的混合：个人际遇与国家事业。

本文中最值得注意的是"臣本布衣"一段的叙述，其内容是对自己与先帝交往的追忆。全文内容谈论国事，而本段是诸葛亮回顾个人的人生际遇，显得特别，是个异数。

它的重要功能，是把诸葛亮个人的人生际遇与蜀汉事业结合到了一起。这段叙述是文本议论中抒情强度极高的插曲。其情感内涵分析如下：

第一，对自身命运的慨叹。

"苟全性命于乱世，不求闻达于诸侯。"自己生活在一个乱世之中，并无对功名的追求，"臣本布衣"，而"先帝不以臣卑鄙，猥自枉屈，三顾臣于草庐之中"，对自己有知遇之恩。"由是感激，遂许先帝以驱驰"，出于感情的联系，个人的命运最终和先帝的事业捆绑在一起，自身也被动地卷入了一个非自我选择的宏大事业中。

第二，对奋斗历程的感叹。

"后值倾覆，受任于败军之际，奉命于危难之间"，而"尔来二十有一年矣"，艰难而漫长的奋斗历程，其间的悲酸、危难，不难想见。诸葛亮对蜀汉事业的忠诚，来自对先帝的"感激"，他把自己的整个人生完全交付给先帝的事业。而从奉命危难到先帝崩殂，先帝的事业一直处于危机状态，也给自己的人生带来无尽的艰辛。下文"夙夜忧叹，恐托付不效，以伤先帝之明"，"忧"与"恐"，固然是"忠"的表现，但其中也蕴含着对自身命运的叹息。

此节的抒情性极强，集中体现了诸葛亮的品格与情怀。这种感恩报恩、尽心尽力、无私无悔的品格与情怀，带着自我奉献、自我牺牲的悲剧感，十分高贵动人。如此的赤忱，如此的艰辛，如此的坚持，如果我们看到了这些字句后面那伟大的灵魂，读之不能不落泪。

三、千古传诵的原因

《出师表》为何能千古传诵？最重要的原因不在其政治思想的超拔，而在其情感的深沉与丰厚。它显然有政治关切，然而它更以自身所带有的崇高感、悲剧感，给读者带来强烈的情感震撼。崇高感与悲剧感，是本文所抒发的情感的基本特征；如果体会不到这一特征，读者就很难被它感动。

这篇讲政治的实用文，在内容上表现了政治伦理而又在情感上超越了政治伦理，成为一个原本与政治无关的政治人物对其个人品质与个人情怀的强烈表达。它既表现了政治思想，更表现了生命情怀，这就不难理解，为什么它能够在一代代中国士人心中如此难忘。而本文情感特具的崇高感与悲剧感，决定了兼有家国情怀与人生悲感的那部分特殊读者特别容易被感动，如杜甫、陆游、文天祥等。

韩愈《师说》

一、文本观察切入点

《师说》的文体是"说"，是一篇议论性文字。根据议论文的一般特点，可以从两个方面切入对文本的观察：

（1）论点：本文的论点是什么？

（2）论证：本文是如何组织论证的（包括论证过程中论据的运用）？

二、具体的观察与解释

为分析方便，列出原文（按照现代习惯和教材分段）：

古之学者必有师。师者，所以传道受业解惑也。人非生而知之者，孰能无惑？惑而不从师，其为惑也，终不解矣。生乎吾前，其闻道也固先乎吾，吾从而师之；生乎吾后，其闻道也亦先乎吾，吾从而师之。吾师道也，夫庸知其年之先后生于吾乎？是故无贵无贱，无长无少，道之所存，师之所存也。

嗟乎！师道之不传也久矣！欲人之无惑也难矣！古之圣人，其出人也远矣，犹且从师而问焉；今之众人，其下圣人也亦远矣，而耻学于师。是故圣益圣，愚益愚。圣人之所以为圣，愚人之所以为愚，其皆出于此乎？爱其子，择师而教之；于其身也，则耻师焉，惑矣。彼童子之师，授之书而习其句读者，非吾所谓传其道解其惑者也。句读之不知，惑之不解，或师焉，或不焉，小学而大遗，吾未见其明也。巫医乐师百工之人，不耻相师。士大夫之族，曰师曰弟子云者，则群聚而笑之。问之，则曰："彼与彼年相若也，道相似也。位卑则足羞，官盛则近谀。"呜呼！师道之不复可知矣。巫医乐师百工之人，君子不齿，今其智乃反不能及，其可怪也欤！

圣人无常师。孔子师郯子、苌弘、师襄、老聃。郯子之徒，其贤不及孔子。孔子曰：三人行，则必有我师。是故弟子不必不如师，师不必贤于弟子，闻道有先后，术业有专攻，如是而已。

李氏子蟠，年十七，好古文，六艺经传皆通习之，不拘于时，学于余。余嘉其能行古道，作《师说》以贻之。

1. 本文的论点

（1）"古之学者必有师"是中心论点吗？不是。

第一，"古之学者必有师"是一个事实陈述句，它概括性地指出古代求学者一定有老师的客观事实，而论点必须是观点陈述而非事实陈述。

第二，本文论述的对象，并非"古之学者"；全文并不是围绕"古之学者"来论述的。

（2）"师说"是中心论点吗？不是。

有一种说法，认为"师说"是中心论点。这种意见不值一驳。论点必须是一个完整的陈述，"师说"仅仅提出"师（从师学习）"这个话题。

（3）"要大力提倡从师"是中心论点吗？不是。

看起来对，实际上不对。"爱其子，择师而教之"，"彼童子之师，授之书而习其句读"，也算是"从师"学习的现象。而这是文中所批判的对象，这就与这种论点构成了矛盾。

（4）"道之所存，师之所存"是中心论点吗？是。

基本的观察和认识：对"道"的强调，贯通全篇。

第 1 段 5 次提及"道"，最终提出学习是要"师道"，"道之所存，师之所存"，意思是"道"在哪里，学习就应在哪里发生。

第 2 段的核心是论"师道"。段首提及"师道之不传"的问题，段末以"师道之不复"呼应。本段批判当今之学习远离"道"的现象。

第 3 段提出"圣人无常师"，指出圣人正是以"道"为依归，依"道"不依"人"。

第 4 段的潜在关键词也是"道"。李氏子蟠懂得"师道"，"能行古道"，他所学习的"六艺经传"，正是儒家之道的载体。

2. 文意疑难与本文论证

（1）"惑"是什么——兼析第 1 段论证。

"师者，所以传道受业解惑也。""道"、"业"、"惑"看起来是并列的三个方面。但实际上并非如此。

文中（第 2 段）"彼童子之师，授之书而习其句读者，非吾所谓传其道解其惑者也"，把教童子写字读书，直接排除在"道"与"惑"之外，但并未排除它属于"业"的范围。接下来"句读之不知，惑之不解，或师焉，或不焉，小学而大遗，吾未见其明也"，指出"惑"不是指"小"的方面而是"大"的方面。也就是说，"惑"是与"道"相联系的，是超越了"业"的。

文中（第 1 段）在提出"师者，所以传道受业解惑也"后，立即提出"惑"与"解惑"，然后扣住"道"来展开分析，而对"业"闭口不谈。联系第 2 段的内容可知："惑"不是"业"（学业）的问题，不是知识层面的问题，而是"道"的层面的问题。"惑"是对"道"的困惑。

（2）"师道"是什么——兼析第2段论证。

"师道"的字面意思是从师之道。根据前面对论点的分析，"师道"就是要以"道"为师，"道之所存，师之所存"，谁那里有"道"，谁就是老师。

"师道之不传也久矣！欲人之无惑也难矣！"明确地把"道"与"惑"并置，明确印证了"道"与"惑"的关联性。"解惑"，就是解决对"道"的困惑。

因此，"古之圣人，其出人也远矣，犹且从师而问焉；今之众人，其下圣人也亦远矣，而耻学于师"，圣人"从师而问"者是"道"，众人"耻学于师"者也是"道"——不是一般知识的"业"。"授之书而习其句读者，非吾所谓传其道解其惑者也"，这种教师只是"授业"，而不是"传道"，也不能"解惑"。

（3）褒"巫医乐师百工之人"而贬"士大夫之族"吗——兼析第2段论证。

是，也不是。

"巫医乐师百工之人，不耻相师"，有从师学习的表现，但文中并无说他们有"道"，只是承认那是一种学习现象。"士大夫之族，曰师曰弟子云者，则群聚而笑之"，对一般的学习都加以反对，因此他们连"巫医乐师百工之人"都不如。在这个意义上是有高下的，因而是有褒贬的。

"巫医乐师百工之人"与"士大夫之族"都不懂"道"是什么，而"士大夫之族"连普通的学习都加以反对，所以接下来悲叹"师道之不复可知矣"。当今之世，整个社会缺乏真正的学习，群体性地弃"道"于不顾，因此面临"师道"的普遍失落。

（4）为什么"圣人无常师"——兼析第3段论证。

为什么"圣人无常师"？因为人对"道"的理解领悟是有限的，要获得对"道"的更广阔的认知，就得向不同的人学习。"圣人无常师"，表面上看这是对"古之学者必有师"的呼应，实际上是对"道之所存，师之所存"这个观点的强调。

孔子讲"三人行，则必有我师"，"弟子不必不如师，师不必贤于弟子"，是因为"道"与人的身份无关。而学习兼括"道"与"业"，为了避免论述漏洞，文中不仅强调"道"也顺便提及"业"："闻道有先后，术业有专攻。"

（5）尾段只是补叙"作《师说》"的缘由吗——兼析第4段论证。

尾段内容，看起来是对"作《师说》"缘由的交代。但同时，李蟠也可被视为一个论据。他"能行古道"，他学习的是儒家之道（"六艺经传"），而且非常投入（"皆通习"）。他能不顾流俗践行"师道"（"不拘于时，学于余"），正好表现了"道之所存，师之所存"的理念。尾段既是一个补充交代又是一个论据，具有两方面的表达效益，这正是作者表达功夫的体现。

三、余论

文意须通观，方能识其大旨。文本中每个局部的真正意义，必须体现于它在文本整体中的作用。如果不能对局部在整体中的作用作出合理的解释，那么对局部的意义阐释就是无效的。

通观文意，在"道"、"业"、"惑"三者之中，文本中反复强调的是"道"，每个论述环节都不离"道"。"惑"在第一、第二两段中有局部体现；"业"在第二、第三两段中有局部体现。"道"完整地覆盖了整个文本，而"业"、"惑"未能形成对文本的全覆盖。整体观察文本，可知"道"才是核心。

在文本中，"惑"的出现总是伴随着对"道"的强调，不难看出所谓"解惑"实质上是解决在"道"的方面的困惑。而"业"在作者的理解中就是"术"（所谓"术业"），"术"是与"道"相对应的范畴。"道"是形而上的，"术"是形而下的。形而下的部分，固然是学习的范围，但文章认为"授之书而习其句读"并不属于"传其道解其惑"的层面，只是"小学"，根本不属于应传的"师道"。由此可知，整体把握文意，所谓"师道"，就是要以"道"为依归，"道之所存，师之所存"。

《诗经·蒹葭》

一、文本呈现

蒹葭苍苍，白露为霜。所谓伊人，在水一方。溯洄从之，道阻且长。溯游从之，宛在水中央。

蒹葭萋萋，白露未晞。所谓伊人，在水之湄。溯洄从之，道阻且跻。溯游从之，宛在水中坻。

蒹葭采采，白露未已。所谓伊人，在水之涘。溯洄从之，道阻且右。溯游从之，宛在水中沚。

二、文本分析

1. 不确定的与不能抵达的存在

"伊人"究竟在哪里？

"在水一方"、"在水之湄"、"在水之涘"，表明"伊人"所在的空间位置是不能确定的。

进一步，"宛在水中央"、"宛在水中坻"、"宛在水中沚"，都强调"伊人"宛然若在，也就是说，"伊人"是否真的存在，还是一个问题。

由此可以说，"伊人"似乎是可见的，又是不可见的。其"宛在"的身影，带着幻象的性质，是缥缈的、不确定的、无法抵达的。但这是一个美好的幻象，因为它诱惑着人的追寻。

2. 徒劳的追寻与原因不明的追寻

"溯洄从之"，追寻者的感觉是"道阻且长"、"道阻且跻"、"道阻且右"。逆流而上的追寻，行动的过程本身就是艰难的。"溯游从之"，这是顺流而下，行动的艰难程度有所降低，但是，"伊人"总是"宛在水中央"、"宛在水中坻"、"宛在水中沚"，游移不定，无从把握。

"溯洄从之"，追寻是艰难的；"溯游从之"，连追寻的目标都是缥缈的。结论就是，这追寻必然是徒劳的。

一个无法抵达的目标，为何要去追寻？

一个注定徒劳的追寻，为什么会发生？

"伊人"的性别是不明的，其存在状态是似乎在又只是"宛在"的。但"伊人"能诱发追寻发生，可以反证"伊人"是美好的。"伊人"是被渴慕的对象，它可以是一个人、一个理想、一种境界，它是美好的象征。我们心中最美好的，永远"在别处"，它可以被向往，但无法被抵达。

对美好的追寻，是人的本能。而最美好的东西，永远带着梦想的属性。

3. 不懈的追寻：反抗与失落

从"白露为霜"到"白露未晞"再到"白露未已"，展现了一个时间的过程。时间的持续，表明了追寻的执著。三个诗段（章）反复歌咏的，都是对"伊人"的追寻。变化的只是歌唱的韵脚，不变的是节奏和结构。三个诗段节奏和结构的稳定性，象征性地表现着追寻行为的稳定性。

这个追寻有一个时序背景：秋天。追寻不是发生在春天和夏天，是在一个相对萧瑟的季节。考虑到"伊人"的象征性，秋天象征着生命状态的相对萧瑟。这不是一个梦想的季节，梦想的失落是可期的。

追寻一个无法抵达的目标，展开一场注定徒劳的追寻，本质上是一种"反抗"。"蒹葭苍苍，白露为霜"的秋季并不是一个温暖的季节，但它不能阻挡我们对温暖的追寻。一切美好的事物都带着"温暖"的性质，"伊人"可以说就是"温暖"的象征，它吸引着我们，它给我们心灵以安慰。这种温暖也许非常缥缈，但我们正是借着它，来反抗生命的苍凉。

然而，追寻注定是无果的。"伊人"似乎隐约可见，但确实遥不可及。人会有所向往，有所追求，但每一个美好的向往，终究都会遭遇失落。现实世界总是残缺的，最美好的东西永远只存在于我们的梦想中。

三、文本主题

人一直是活在失乐园里的。唯一真实的乐园，就是失去的乐园；唯一具有吸引力的世界，就是你无法进入的世界。我们会执著追求，但注定最终徒劳。《蒹葭》所描绘的，就是人类在此状况中的心境。

陶渊明《饮酒（其五）》

一、文本呈现

> 结庐在人境，而无车马喧。
>
> 问君何能尔？心远地自偏。
>
> 采菊东篱下，悠然见南山。
>
> 山气日夕佳，飞鸟相与还。
>
> 此中有真意，欲辨已忘言。

二、文本分析

简单观察陶渊明的这首诗，前四句偏于情况的陈述，五到八句偏于景物的描述，第九和第十句偏于领悟的直述。由此可以把这首诗分为三个层次：陈述的层次、写景的层次、领悟的层次。

这三个相续的层次之间的关系是：远离社会，观看自然，领悟真意。因为远离社会，所以观看自然；在观看自然之中，获得对真意的领悟。

（1）陈述的层次："结庐在人境，而无车马喧。问君何能尔？心远地自偏。"

这几句陈述的内容，包括两点。第一，现实的境况。虽然住在人间，但门前清静，无官场的喧扰（"车马"是有社会地位的人乘坐的）。第二，自己的心境。之所以能够如此清静，是因为"心远地自偏"。心境远离尘俗，就会觉得人境僻静。

"心远地自偏"是这四句的核心。"心远"是对名利世界采取疏远、淡漠的态度，对奔逐于名利轨道上的人群的脱离。对社会生活轨道的脱离，导致他与自然的亲近。于是进入下一层次。

（2）写景的层次："采菊东篱下，悠然见南山。山气日夕佳，飞鸟相与还。"

"采菊东篱下，悠然见南山"，写的是自然中人的生命活动。"山气日夕佳，飞鸟相与还"，写的是自然中非人类的生命活动。人与自然，是相互关联的，是和谐的。

脱离了社会，人如何找到生命的立足点呢？

"采菊东篱下，悠然见南山"，在东篱下采摘菊花，无意中抬起头来，目光与南山悠然相遇。"悠然"既是人心境的闲适淡然，也是山的静穆自在。"见"既是一种发现（jiàn），也是一种显现（xiàn）。人的生命安顿在哪里？不是在人与人的交往中，而是在人与自然的相遇中。

"山气日夕佳，飞鸟相与还"，进一步写自然中的生命活动景象。飞鸟结伴返回，不是"心远"，而是"心近"。它们不像俗世中的人那样，努力追求生命以外的东西。自然（南山）与自然中的生命（飞鸟）的静止或运动，皆因其无意志无机心，所以宁静而和谐。

（3）领悟的层次："此中有真意，欲辨已忘言。"

"真意"是什么呢？为什么"欲辨已忘言"？

回溯上文，"采菊东篱"而与自然悠然相遇，此时人回到了自然之中，成为自然的一部分，在整个自然运动中感受到个体生命的存在，同时感受到人与自然的和谐统一。这就是"真意"之所在。

而由于人与自然的一体化，达成了高度融合，语言就成为多余的东西，因此"欲辨已忘言"。人类语言是人类之间交流的工具，不是人与自然沟通的桥梁，因此这种"真意"与人类语言是无关的。在人真正融入自然的时刻，语言是不必要的。这就是陶渊明的领悟。

只有在企图向别人表达我们的认识时，语言才是必要的。但当我们遇到真理的那个时刻，就像和南山悠然相遇的时刻，语言是多余的。

"真意"本身是不可言说的。被说出来的那个东西，不再是"真意"，而只是"语言"。

杨万里《晓出净慈寺送林子方》

一、原诗出示

> 毕竟西湖六月中，风光不与四时同。
> 接天莲叶无穷碧，映日荷花别样红。

二、文本分析

1. 诗意简析

杨万里的"诚斋体"，以浅近明白、清新自然著称。诗句意思，通常都容易理解。

"毕竟西湖六月中，风光不与四时同。"这两句质朴无华，说明六月西湖与其他季节不同。不同在哪里呢？"接天莲叶无穷碧，映日荷花别样红。"这两句具体地描绘了"毕竟"不同在哪里：荷叶随着湖面而伸展到与天际融合，造成了"无穷"延展的碧绿的感觉；在这一片无穷无尽的碧色中，荷花朵朵红艳点染在碧绿间，映照着阳光，备加明丽。

"无穷"的"碧"，"别样"的"红"，大红大绿，色彩对比强烈。所谓"淡雅"，"淡"才会"雅"。一般来说，大红大绿，容易显得俗艳；大红大绿，色相鲜明，不易写意，不易脱俗。

然而，就是写得这么俗。为什么要写得这么俗？

2. 主题分析

要分析本首诗的主题，不能脱离标题。而在这个标题之下，实际上有两首诗。两首诗一起来看，才是完整的文本，才足以窥见文本的表达意图。这两首诗全文如下：

其一

出得西湖月尚残，荷花荡里柳行间。

红香世界清凉国，行了南山却北山。

其二

毕竟西湖六月中，风光不与四时同。

接天莲叶无穷碧，映日荷花别样红。

送给林子方的是两首诗。第一首诗，写的是清晨在荷花柳条之间流连，陶醉在荷香之中的情形。"行了南山却北山"，说明景象美好，不知疲倦，流连忘返。"清凉国"是带着佛教色彩的词汇。在佛教中，"贪嗔痴"等属于"热恼"；而治贪嗔痴的智慧则属于"智慧清凉"。代表智慧的文殊师利，就住在清凉山（文殊菩萨的道场五台山又名清凉山）。"红香世界清凉国"，是说在清晨的红色荷花芬芳中，犹如身处清凉世界。莲花本身也是佛教的符号，本句诗的佛教意味非常明显。这一首诗，语句也很浅易，但写其所见，皆无浓墨；述其所感，残月清凉。诗意比较冷淡，格调比较高雅。

要注意：第一，第一首写得比较疏淡，第二首写得比较浓艳；第二，第一首有出世间的清凉心境，第二首有俗世间的热烈趣味。这两首诗，实际上是相互补充的——意思是在暗示林子方：在西湖，在此地，无论你的倾向是出世入世，无论你的心里有哪种情趣，这里都是很好的。

根据标题，这是送林子方的。这意味着，林子方即将离开这里。这两首诗，从两个方面描绘眼前的西湖美景，呈现出两种虽有不同但同样美好的格调与趣味，暗示林子方留下来。至于林子方是因为什么而要离开，文本中没有交代，我们不必理会；文本中发出的信号是：此地足够好，你不用离开。

3. 文学传统中的先声

杨万里这种写法，前代也有。在陶弘景《答谢中书书》可以看到，原文如下：

> 山川之美，古来共谈。高峰入云，清流见底。两岸石壁，五色交辉。青林翠竹，四时俱备。晓雾将歇，猿鸟乱鸣；夕日欲颓，沉鳞竞跃。实是欲界之仙都。自康乐以来，未复有能与其奇者。

这是以美景来暗示谢中书来此欣赏山川之美。作者说自从谢灵运以来，没有人能够欣赏它的妙处，联系"山川之美，古来共谈"，即暗指谢中书比肩谢灵运，有来此赏玩谈论奇景的资格。

王维的《山中与裴秀才迪书》也是这种写法，原文如下：

> 近腊月下，景气和畅，故山殊可过。足下方温经，猥不敢相烦，辄便往山中，憩感配寺，与山僧饭讫而去。
>
> 北涉玄灞，清月映郭。夜登华子冈，辋水沦涟，与月上下。寒山远火，明灭林外。深巷寒犬，吠声如豹。村墟夜舂，复与疏钟相间。此时独坐，僮仆静默，多思曩昔，携手赋诗，步仄径，临清流也。
>
> 当待春中，草木蔓发，春山可望，轻鲦出水，白鸥矫翼，露湿青皋，麦陇朝雊，斯之不远，倘能从我游乎？非子天机清妙者，岂能以此不急之务相邀。然是中有深趣矣！无忽。因驮黄檗人往，不一，山中人王维白。

以写山中景象之清静美好，暗示裴迪不用过于执著于功名，不要只是

"温经"备考，要保持"天机清妙"。这是以景物来暗示自己对友人的告诫。

实际上，王维的《山居秋暝》，也是此意。"空山新雨后，天气晚来秋。明月松间照，清泉石上流。竹喧归浣女，莲动下渔舟。随意春芳歇，王孙自可留。"很多人以为"王孙"是自指，其实不确。王孙是指贵族子弟，一般不用于指自己。"王孙游兮不归，春草生兮萋萋"，"春草明年绿，王孙归不归"，"王孙"都是代指离别的友人。本诗的写法，也是用山居的美好，暗示友人归来。

这些作品和杨万里的《晓出净慈寺送林子方》同一机杼，都是用景物呈现的方法，传递出自己的心意。与上述作品相比，杨万里这两首诗做得更为隐蔽，他在诗中只是写景，没有任何明确的提示。解读《晓出净慈寺送林子方》，必须联系标题来分析，才能懂得作者究竟想要对林子方说什么。

三、误读举例

下面有几种解读都是不着边际的：

（1）"这是一组描写杭州西湖六月美丽景色的诗，通过对西湖美景的赞美，曲折地表达对友人深情的眷恋。"赞美西湖，表达的当然是对西湖的眷恋，可怎么能够表达出所谓对友人的眷恋呢？

（2）"作品生动地描绘出西湖夏季时的美景，是歌咏该景致的经典作品，表达了作者对西湖六月美景的赞美之情，同时从'别样红'之中，透出作者是在以欢快的心态送友。"这是言不及义的胡扯。

（3）"诗人与朋友林子方的感情就像满湖的荷叶一样，友谊一直连到天边，像荷花一样在阳光的照射下红得发亮、红得似火。"这是失控的自由联想，想当然的胡思乱想，不是严肃的文本解读。

白居易《钱塘湖春行》

一、文本解析视角

古诗文本的解读，需要仔细梳理文本内部的语义响应关系，以获得一个语意贯通的整体的理解；需要观察意象与意象之间的关联，观察它们在整体上表现出怎样的特征，传达出怎样的观念。解读《钱塘湖春行》，这是基本视角。

二、对文本的一般观察和分析

先列出文本，再给出解释。

> 孤山寺北贾亭西，水面初平云脚低。
> 几处早莺争暖树，谁家新燕啄春泥。
> 乱花渐欲迷人眼，浅草才能没马蹄。
> 最爱湖东行不足，绿杨阴里白沙堤。

1. 全诗中表现对象的关联性

这是比较容易观察，但也容易被忽略的。文本中各联所表现的对象分别是：

首联——自然界中的非生物：水面、云脚。

颔联——自然界中的生物（动物）：早莺、新燕。

颈联——自然界中的生物（植物）：乱花、浅草。

尾联——自然界中的人类：（绿杨阴里、白沙堤上的）人。

不难看出，整首诗以表现春天里的生命活动为主要内容。本诗涵盖了白居易时代人类视野中自然界的生命类型，它所表现的是一个比较全面的世界图景。首联是自然环境，颔联颈联是动植物的活动，尾联是人类在自然中的活动。整首诗沿着自然向人类运动的方向，有条不紊地展现了一个从自然运动到人类的生命活动的秩序。

2. 中间两联的生命活动

诗歌中总是呈现被诗人的眼睛选择过的世界图像。在一首诗中，写了什么，为什么写这些，是值得推敲的。既是"乱花"，说明花开得很凌乱，尚未连成片，花事还未繁盛；同时，"乱"放的花，不同种类的都有。这就意味着，存在着通过描写各种花朵的形态、色彩来表现春色的可能性。然而，诗人没有这样写，他回避了写这些东西。那么他又选了些什么来写呢？诗中的景象有怎样的特征呢？

（1）中间两联的表意分析。

①颔联的"争"与"啄"，写动物的活动。

"争"着眼于生命之间的关系，"啄"着眼于单个生命个体。

"暖树"被"争"，说明天气还有寒意，早莺还在争取更温和的地方。新燕"啄"春泥是去筑巢，是为了建造生命栖息与繁衍的处所。

无论是忙于相互竞争，还是忙于自我建构，春天里这些鸟类表现了生存的活力。

②颈联的"迷"与"没"，写植物的活动。

"乱花渐欲迷人眼，浅草才能没马蹄"一联中，"乱花"、"浅草"是二句的主语，是诗句表现的主体。所以"迷"与"没"，虽然是从人的观察角度来写的，但实际上是写"乱花"开放、"浅草"生长的效果。

（2）中间两联的生命活动特征。

两联都表现了动物或植物在春天中的生命活动——无论动物或植物，春天里的生命都处于行动中。

两联中的生命活动都表现出初春的特点。是"几处"而不是"处处"，是"谁家"而不是"家家"；"渐欲迷"而未全迷，才能没"马蹄"而非马脚——这是初春，生命开始展现活力，而均未达到巅峰的状态。

3. 中间两联与首联和尾联的关联

中间两联表现的是动植物的生命活动。以此作为出发点，可以观察到：

尾联的"行"，直接点题，点出了人类的行动。伴随着"行"的是"爱"，表明这是让人欢喜的春天之行。

回头看首联，"云脚"这个词，甚至暗示生命世界之外的自然世界也是行动者。"行"是"脚"的基本功能。

由此可以说，《钱塘湖春行》所表现的"行"，不只是人的"行"，也是表现整个春天的行，亦即"春行"。

在春天，一切事物都在行动。水在行动（"水面初平"），云在行动（"云脚低"），动物在行动，植物在行动，人也在行动。各联都在写春天里的行动，这些行动表现出这个季节的活力与生机。春天是一个行动的季节。春天代表生命，生命就是行动。

三、对文本的深入观察和分析

毫无疑问，本诗表现了春天的活力与生机。这首诗的价值，难道就是这个吗？类似的诗篇，数量很多，是不是它们都是一样的经典名篇呢？

当然不是。

首先要分析中间两联。

"几处早莺争暖树，谁家新燕啄春泥。""几处早莺争暖树"，只是"几处"而不是"处处"，说明早莺的活动，有活力而未至于喧腾。"谁家新燕啄春泥"，"啄春泥"说明燕子还在筑巢，其生命活动还处于铺垫、发展的阶段。

"乱花渐欲迷人眼，浅草才能没马蹄。""渐欲"和"才能"，分别是"迷"与"没"的限制语（状语）。"乱花"对人视觉的诱惑是"渐欲"，说明花已可观赏而未至于繁盛的状态。"浅草"对马蹄的遮掩是"才能"，说明草已经有所生长而未达到非常繁茂的状态。

这首诗的诗中景象，充满活力——具有和谐生长的张力，具有迈向蓬勃的势能，但是这种力量保持着合适的分寸，它不张狂、不放肆，没有侵略性，它是不过分的。这是最重要的一点。这一点如果没有看出来，就看不出这首诗的精神实质。这是一个有分寸的春天，一个充满活力却并不绚烂的春天。"渐欲迷"而未能迷，"才能没"而未全没。它生长而不放纵，有力而不蛮横，快乐而不亢奋，向上而不激进，这就完全符合《诗经》"乐而不淫"的审美精神，折射出儒家"中庸"的审美理想。由此回头看首联，"孤山寺北贾亭西，水面初平云脚低"，也能发现天上的云向下运动（"云脚低"）和地面的水向上运动（"水面初平"）的相向运动，这是一个分别从上下靠近中间的"允执厥中"的运动态势。

李商隐《无题·相见时难别亦难》

一、文本解析思路

在古典诗歌的文本解读中，词句的语义分析、词句之间的语义响应关系分析，都是必不可少的项目。词句的语义分析，是理解的基础；词句之间的语义响应关系分析，是贯通文本、获得对文本整体理解的关键。

无论一首诗的主题是什么，风格怎么样，都可以通过这两个方面的分析，实现对文本语义的理解。尽管李商隐的"无题诗"被认为语义含混，寄意深远，意象和情感扑朔迷离，但仍然能够通过这种分析思路，对文本作出有效的解释。

二、对文本的观察和分析

先列出文本，再进行分析。

> 相见时难别亦难，东风无力百花残。
> 春蚕到死丝方尽，蜡炬成灰泪始干。
> 晓镜但愁云鬓改，夜吟应觉月光寒。
> 蓬山此去无多路，青鸟殷勤为探看。

1. 对语义响应的宏观层面观察

整首诗讲的是什么？初读的时候，可能较难确定。这时候应该对文本作一个宏观的整体观察，看看在这个文本的不同位置，是否存在语义上相互响应的情形。

应该强调的是信息的空间跨度。两个相互响应的信息，在文本中距离越远，越有可能是涉及文本整体意涵的主要信息或核心信息。如果两个相互响应的信息距离越近，甚至相邻，那就越有可能是一个局部的信息。距离很远而能相互响应，实现在文本内的"远程通信"，也就等于它们之间的通信未被中断，这就意味着夹在它们之间的部分，在一定程度上起到了通信媒介的作用。

观察这首诗，不难看出"相见时难别亦难"中的"见"、"别"，与"青鸟殷勤为探看"中的"探看"，构成了明显的语义响应。有"见"则有"别"的时刻，有"别"才有"探看"的愿望。

"见"——"别"——"探看"

在这个链条中，"见"是本诗所写情事之"前事"，文本实际上是从"别"开始写的，并不包括此前相见的往事。因此这个链条可以被削减为：

"别"——"探看"

我们注意到，"别"与"探看"，这两个相互响应的语义信息，恰好处于整个诗歌文本的首尾，在文本中具有最大的跨度，对整个文本构成了覆盖。实际上，"探看"与"见"的意思基本一致，于是又可以回到此前的链条：

"见"—"别"—"探看"

在这一链条中，起于"相见"，终于"探看"，"别"成为横亘在过去的"见"与未来的"探看"的中间环节。抒情主人公渴望着完成从"相见"到"相见"的圆满轮回。而现在时态的"别"，对其渴望的"相见"，形成了真实而无情的割裂。

这就是本诗的整体框架。由此也初步揭示出了本诗的主题。

2. 整体框架下的各安其位

（1）"见"：从"相见"到"探看"。

"相见时难"。相见是不容易的。

"蓬山此去无多路，青鸟殷勤为探看。"再度相见，更为渺茫。

"蓬山"即蓬莱仙山。所欲相见的人在"蓬山"，暗示此人已经仙去（死去）。所谓"蓬山此去无多路"，意谓生死仅有一线之隔，生与死的距离并不遥远。所思念的人，既然已经死去，因而此生相见，再无可能。

"青鸟"是西王母身边的神鸟，专司送信之职。要探看已在"蓬山"的对方，只有靠神话中的神鸟了。而双方阴阳悬隔，这信是永远无法抵达的；因而这相思之苦，永远不能得到安慰。青鸟的殷勤"探看"，不过是痴情的想象罢了。

"相见时难"，过去的相见是不容易的，但毕竟还在人间，因缘成熟，尚有聚首。而"蓬山此去无多路"，不是生离，而是死别。今后的相见，已永无可能了。

文本的首尾，围绕着"见"，语义上构成了循环。而二人之"见"，从生前到死后，从真实的"相见"到想象中青鸟的"探看"，在主题表达上构成了一个发展。

（2）"别"："别亦难"是怎样的难。

"别"是现在时态的。"别"字为文意中心。相见不易,离别尤难。

①别时的状态:"东风无力百花残"。

"东风无力百花残",渲染凄苦,暗示死亡。"东风无力",生命的动力没有了;"百花残",生命的表象衰颓了。这是表现"别亦难"的伤逝意味。

②伤别的原因:"春蚕到死丝方尽,蜡炬成灰泪始干"。

春蚕吐丝,是为了结茧。结出茧子来,春蚕就死在里面了。"春蚕到死丝方尽",穷其一生以作茧自缚,可见其用情之深也。

用尽自己的一生,耗尽自身情思来作茧自缚,这与"蜡炬成灰泪始干"在语义上是相互响应的。在"蜡炬成灰泪始干"中,蜡烛是耗尽一生来落泪的。生命不息,眼泪不止。

这两句都讲用情之深。因有用情之深,故有离别之难。

③别后的境况:"晓镜但愁云鬓改,夜吟应觉月光寒"。

颈联中,"晓"与"夜",一早一晚,构成了在一天之内的完整的时间循环。而这两句,分别说明双方思念之苦。在男子的意念中,他担忧的是他所爱的女子因思念而鬓发脱落,容颜憔悴;在女子的意念中,她担忧的是她所爱的男子因思念而月下吟诗,备感寒冷。两相体贴,就写出了相爱之深、相思之切。

由于尾联中暗示其中的一方已然故去,所以颈联中的相思与相互体贴,都是被想象出来的。阴阳两隔而犹自如此,表现了用情之痴。如果说颔联主要是表现用情之深,颈联则更进一步表现了用情之痴——生死也不能阻隔双方的思念与体贴。这样,也就与尾联"青鸟探看"的意思相互联通起来了。

三、主题结论

根据上述分析,本诗看似是一首离别诗,实际上是一首悼亡诗。

文本起于"相见",终于"探看",而真实的状态却是"别"。由于这种"别"不是生离而是死别,因此抒情主人公所渴望的从"相见"到"相见"的圆满轮回,是不可能实现的。双方用情既深且痴,但重逢永远无望。整首诗表现的情感深刻绵邈,无比执著,展现了爱所能达到的深度。

图书在版编目（CIP）数据

方法与案例：语文经典篇目文本解读／罗晓晖著．—上海：华东师范大学出版社，2017

ISBN 978-7-5675-7202-7

Ⅰ.①方... Ⅱ.①罗... Ⅲ.①语文课—教学研究—中小学 Ⅳ.① G633.302

中国版本图书馆 CIP 数据核字（2017）第 278524 号

大夏书系·语文之道

方法与案例：语文经典篇目文本解读

著　者	罗晓晖
策划编辑	朱永通
审读编辑	任嫒嫒
封面设计	百丰艺术

出版发行	华东师范大学出版社
社　址	上海市中山北路 3663 号　邮编　200062
网　址	www.ecnupress.com.cn
电　话	021‑60821666　行政传真　021‑62572105
客服电话	021‑62865537
邮购电话	021‑62869887　地址　上海市中山北路 3663 号华东师范大学校内先锋路口
网　店	http://hdsdcbs.tmall.com

印 刷 者	北京密兴印刷有限公司
开　本	700×1000　16 开
插　页	1
印　张	16.5
字　数	215 千字
版　次	2017 年 12 月第一版
印　次	2024 年 10 月第八次
印　数	20 101–21 100
书　号	ISBN 978‑7‑5675‑7202‑7/G·10792
定　价	45.00 元

出 版 人　王　焰

（如发现本版图书有印订质量问题，请寄回本社市场部调换或电话 021-62865537 联系）